A

agus

An Chaointeoireacht

An Caoine

agus

An Chaointeoireacht

Breandán Ó Buachalla

COIS LIFE TEORANTA
BAILE ÁTHA CLIATH

An chéad chló 1998
© Breandán Ó Buachalla

ISBN 1 901176 07 X

Leis an údar céanna

Clár na lámhscríbhinní Gaeilge i
Leabharlainn Phoiblí Bhéal Feirste (1962)
I mBéal Feirste cois cuain (1968)
Peadar Ó Doirnín: amhráin (1969)
Cathal Buí: amhráin (1975)
Nua-dhuanaire III (1976)
Aisling ghéar (1996)

Clúdach: Eoin Stephens
Clóbhualadh: Criterion Press

Táim an-bhuíoch de mo chairde Liam Mac Con Iomaire, Caoimhín Mac Giolla Léith, Bríona Nic Dhiarmada, Máirín Ní Dhonnchadha, Tomás Ó Cathasaigh as dréacht den aiste seo a léamh dom agus gnéithe éagsúla di a phlé liom. Mise amháin atá freagrach as a bhfuil inti, idir thuairimíocht agus eolas. Táim an-bhuíoch freisin de Chaitlín Mhic Clúin a rinne an aiste a phróiseáil dom agus de na heagarthóirí, Caoilfhionn Nic Pháidín agus Seán Ó Cearnaigh, as an gcúram a chaitheadar leis an bhfoilsiú.

Clár

Réamhrá

Is beag téacs Nua-Ghaeilge is mó a bhfuil tráchtaireacht déanta air, idir thráchtaireacht scolártha is thráchtaireacht phobalta, le deich mbliana fichead anuas ná 'Caoine Airt Uí Laoire'. Is léir gurb é an nuachóiriú a rinne Seán Ó Tuama (1961) ar an dán is príomhfhoinse don tráchtaireacht sin, mar ní hamháin gur chuir a leabharsan téacs soléite soghlactha ar fáil do ghlúin nua léitheoirí ach gur dheimhnigh an réamhrá canta a chuir an Tuamach leis an téacs, gur dheimhnigh is gur bhuanaigh sin fráma tagartha cinnte don dán. Is í Rachel Bromwich (1945) is túisce a sholáthair an fráma tagartha sin ach tharraing sise freisin ina haistesean, ar aiste chanónda anois í, as saothar na scríbhneoirí a chuaigh roimpi, leabhair O'Connell (1892) agus Croker (1824, 1844) go háirithe. B'é Croker an chéad duine a chuir samplaí de sheánra an chaoine, in aistriúcháin faraor, i gcló agus ina thráchtaireacht air rinne tagairt (1844: xi) dá raibh le rá ina thaobh ag Beaufort (1791) agus Lhuyd (1707).[1]

In aiste luath dá chuid ar an dán, mheabhraigh Ó Tuama (1951: 1) 'nach raibh aon chruinniú déanta ar an eolas so go léir fós, agus rud is gátaraí fós, níl aon bheachtú déanta air ar shlí a chaithfeadh solas ar an ndán'. Sin é go díreach a chuir sé roimhe agus a chuir sé i gcrích go cumasach ina leabharsan; tá breis solais caite ar an dán féin agus ar an seánra trí chéile ó shin ag scoláirí eile, go háirithe ag Ó Súilleabháin (1961), Ó hAilín (1971), Bourke (1980, 1983, 1991) agus ag Ó Coileáin (1988). Is fada siar, is léir, a théann tráchtaireacht an chaoine agus is bisiúil an tráchtaireacht í, agus cuma cé leis a dtosóm, le Lhuyd (1707), le Beaufort (1791), le Croker (1824) nó le Bromwich (1945), is deacair cuimhneamh ar aon dán eile nó ar aon seánra eile a tharraing chuige féin an oiread sin tráchtaireachta. Ní hionann, gan amhras, cáilíocht, mianach ná béim na tráchtaireachta ó thráchtaire go chéile ná ní hionann aidhm dóibh, ach is cinnte go bhfuil gnéithe áirithe den tráchtaireacht a ndírítear arís is arís orthu agus a bhfilltear arís is arís orthu, go háirithe sa tráchtaireacht chomhaimseartha:

(i) an cúlra stairiúil: Éire san ochtú haois déag, na Péindlithe, na Géanna Fiáine, etc. Féach Bromwich (1945: 236), Ó Cróinín (1949: 33), Ó Tuama (1961: 13);

(ii) an cúlra soch-chultúrtha: an 'Teach Mór', etc. Féach Bromwich (1945: 236-40), Ó Tuama (1961: 9);[2]

(iii) an cúlra beathaisnéiseach: pearsantacht agus saolré Airt Uí Laoire agus Eibhlín Duibh, marú Airt agus ar lean é. Féach Bromwich (1945: 237-8), Ó Cróinín (1949: 33), Ó Tuama (1961: 9-20);

(iv) an cúlra liteartha: an caoine i litríocht na Sean- is na Meán-Ghaeilge, meadaracht, etc. Féach Bromwich (1945: 245-52), Ó Cróinín (1949: 41, 1962: 31), Ó Tuama (1961: 22-3);

(v) an cúlra feidhmiúil: an caoine agus an chaointeoireacht, an caoine mar léiriú, etc. Féach Croker (1844: xxiv-xxvi), Bromwich (1945: 240-5), Ó Tuama (1951: 7-8, 24; 1961: 21-4), Bourke (1980, 1983, 1991, 1997), Ó Coileáin (1988);

(vi) an diminsean síceolaíoch, an pheirspictíocht fheimineach. Féach Bourke (1988, 1988a, 1992, 1993).

Cé gur léir, ar an ghearranailís pháirteach sin féin, gur athraigh aird is fócas na tráchtaireachta ó ghlúin go glúin is ó thráchtaire go tráchtaire, go háirithe i saothar tionscnamhach Bourke, is léir chomh maith gur tráchtaireacht fhréamhaithe í cuid mhaith freisin, tráchtaireacht ar tháinig cuid mhaith di anuas agus atá ag brath, fós fiú, ar shaothar na dtráchtairí a chuaigh romhainn. Sin mar a bhíonn i ngach brainse léinn, gan amhras: fásann an dioscúrsa de réir a chéile, tógtar é ar shaothar scoláirí a thagann i ndiaidh a chéile, cuirtear leis an eolas fréamhaithe, baintear de; cuirtear téis chun cinn, maolaítear nó séantar í ina fritéis, tagann sintéis chun cinn. Ach i gcás léann na Gaeilge, léann na Nua-Ghaeilge go háirithe, tuigtear dom go dtagann an tsintéis chun cinn go rímhinic róluath, sula mbíonn an fhianaise uile foilsithe nó meáite, agus go gcloítear feasta leis an tsintéis sin mar léamh údarásach ortadocsach ar thréimhse, ar sheánra nó ar dhán faoi leith. Níl aon dabht orm, mar go n-insíonn mo thaithí féin dom é, gurb é an léamh údarásach ortadocsach is mó a shaothraigh is a chothaigh léann na Nua-Ghaeilge, cinnte anuas go dtí c. 1980, agus go ndearnadh neamhshuim dá réir sa taighde reibhisineach, sa cheistiú dúshlánach, sa díospóireacht oscailte eolgaiseach. Dhá léiriú ar an bhfeiniméan sin is ea a mharthanaí a sheas *The Hidden Ireland* i réimse na litríochta agus *Irish dialects past and present* i réimse na teangeolaíochta gan léirmheas criticiúil, gan cheistiú. Léiriú eile is ea aiste chanónda Bromwich (1945) ar an gcaoine, aiste nach bhfuil oiread is abairt amháin di, chomh fada agus is féidir liom a dhéanamh amach, ceistithe ag aon tráchtaire eile ó shin.[3]

B'fhéidir, gan amhras, nach gá an ceistiú sa chás áirithe seo, go raibh an ceart iomlán ag Bromwich, ach ní móide é. Ní dual don scoláireacht, dá fheabhas nó dá údarásaí í, an chinnteacht bhuanmharthanach, an chonclúid dheifnídeach, an focal deiridh. Agus cé go bhfuil curtha go mór le haiste Bromwich ó shin, fós seasann sí i gcónaí agus ionad príomha ceannasach sa tráchtaireacht aici. Nílim á áiteamh nach raibh - nó nach bhfuil - an t-ionad sin tuillte aici; is chuige atáim aird a dhíriú ar a thugtha atá scoláireacht na Nua-Ghaeilge don

4

aiste údarásach chanónda (nach gá a cheistiú feasta) agus a shoghlactha sa disciplín atá an tsintéis anabaidh agus, dá réir sin, an chéadfa choiteann. Is ón chéadfa choiteann a shíolraíonn an ortadocsacht. Dhá thoradh de ghnáth a bhíonn ar an ortadocsacht i gcúrsaí léinn, dhá thoradh a léirítear go glinn i dtráchtaireacht an chaoine: fágtar as an áireamh saothar scoláirí áirithe nó eilimintí den ábhar nár díríodh orthu san aiste cheannasach agus, dá bharr sin, cloítear leis an bhfráma tagartha a leag an aiste cheannasach síos. I gcomhthéacs na tráchtaireachta atá déanta ar an gcaoine go dtí seo, luafainn, mar shampla:

(i) cé gur luaigh Croker (1844: xi) aiste Beaufort (1791) níor thrácht aon scoláire ar an aiste sin ina dhiaidh sin go dtí gur chuir de Bhaldraithe ar a shúile do Ó Madagáin (1978: 45 n. 1) í;

(ii) cé gurb é leabhar Uí Shúilleabháin (1961) an plé is scolártha agus is cuimsithí dá bhfuil againn go dtí seo ar an chaointeoireacht, is beag aird atá tugtha air sa tráchtaireacht, lasmuigh de earraíocht a bheith bainte ag scoláirí eile, gan é a lua go minic, as na foinsí iomadúla a chuir sé ar fáil;[4]

(iii) tá an plé atá déanta ar an gcaoine trí chéile, tá sé bunaithe, den chuid is mó, ar aon sampla amháin den seánra, 'Caoine Airt Uí Laoire'; tá caointe eile - 'Caoine Mhíchíl Uí Shé' (C 2), 'Caoine Thoirdhealbhaigh Uí Bhriain' (C 1), nó an cnuasach a chuir Seán Pléimeann le chéile (RIA 12 Q 13: 42- 53) - fágtha as an áireamh ar fad go dtí seo agus níl go leor eile acu curtha in eagar fós fiú;

(iv) tá neamhshuim iomlán déanta sa trácht-aireacht den taighde atá déanta ag scoláirí, go háirithe ag Ross (1955) agus ag Campbell (1969), ar an ábhar gaolmhar i nGaeilge na hAlban.

Ní liosta iomlán sin; níl luaite agam ach íotaim a bhaineann le gnéithe áirithe den ábhar a bhfuil suim faoi leith agam féin iontu, ach is leor na híotaim sin le meabhrú dúinn a easnamhaí atá an fhianaise phríomha ar a bhfuil an tsintéis cheannasach bunaithe agus a pháirtí leataobhaí, dá réir, atá cuid mhaith den tráchtaireacht. Is léir, is dóigh liom, go bhfuil géarghá anois le scrúdú ó bhonn a dhéanamh ar an cheist agus an fhianaise uile a bhfuil teacht uirthi, idir fhianaise fhoilsithe is neamhfhoilsithe, a chur san áireamh. Ní hé an t-athscrúdú riachtanach sin is aidhm don aiste seo (cé gur bhreá liom dá spreagfadh m'aistese scoláire óg misniúil samhlaíoch éigin tabhairt faoi) ach aidhm níos teoranta: an gortghlanadh is gá a dhéanamh ar dtús a thionscnamh trí chuid de na tuiscintí, ar míthuiscintí iad dar liomsa, atá bunaithe is buanaithe ag an tráchtaireacht fhréamhaithe a cheistiú, a choigeartú is a chealú, más féidir liom. Trí mhíthuiscint d'áirithe atá i gceist agam a phlé i gcodanna I-III thíos den mhonagraf seo:

I   gur insint réalaíoch ar tharlaingí stairiúla é 'Caoine Airt Uí Laoire' agus gur féidir, dá réir sin, comhchoibhneas iomlán a bhunú idir an téacs agus an cúlra;

II   gurb ionann, ó thaobh feidhme agus cúlra, an caoine agus an chaointeoireacht agus gur i gcomhthéacs a chéile is fearr a thuigtear iad;

III   gur *rosc* is ainm do mheadaracht an chaoine.

I

She first saw him riding into the square at Macroom. She was visiting a lady whose house looked out towards the corner of the market-house by which he rode in ....

(O' Connell 1892 i: 239)

An ceathrú lá déag de Bhealtaine, 1773, do bheartaigh Art sásamh a bhaint as: ghabh sé chuige a chlaíomh agus a phiostal, dúirt lena mhnaoi "Táimse ag fágáil an bhaile is ní móide beo go gcasainn" ... Do bhuail an t-urchar feill Art Ó Laoghaire os cionn na cluaise, gur teilgeadh go lántalamh é ....

(Ó Foghludha 1945: 198-9)

Tar éis suim éigin aimsire d'fhill sé abhaile agus do casadh Eibhlín Dubh Ní Chonaill air 'ag ceann tí an mhargaidh' i Maghchromtha ... Thug sí léim as an leaba, agus amach léi. Bhí an láir dhonn ansúd agus a srianta léi go talamh... Chuaigh Eibhlín san diallait de léim agus as go brách leis an gcapall ar a haitheolas gur bhain sí amach an ball inar thit Art ....

(Ó Cróinín 1949: 33, 37-8)

An 4ú Bealtaine 1773 maraíodh Art Ó Laoghaire ar inse bheag ghlas in aice le Carraig an Ime i gCo. Chorcaí. An láir dhonn cheannann a bhí faoi, thóg sí sceit agus chuir di abhaile ... A raibh de dhroch-úsáid is d'fhaillí fulangtha ag a fear céile dhein Eibhlín Dhubh anois é a chúiteamh leis: d'ól sí a chuid fola .... Turas dár thug Eibhlín ó áit a deirféar go teach carad i Maigh Cromtha, chonaic sí tríd an bhfuinneog amach Art Ó Laoghaire ag marcaíocht ar chapall .... Saighdiúir ar leathshúil, luigh sé a ghunna anois ar chlaí an phóna, chaith, is ghoin Art faoin gcluais.   (Ó Tuama 1961: 7, 9, 19)

Samplaí fánacha iadsan, ach samplaí ionadacha, d'aon ghné amháin den tráchtaireacht, an ghné bheathaisnéiseach, atá déanta, agus á déanamh fós, ar 'Caoine Airt Uí Laoire'. Léiríonn siad go paiteanta dícheall na dtráchtairí scéal chomh réalaíoch, chomh hiomlán agus is féidir a chruthú, na bearnaí inár gcuid eolaisne a líonadh, míniú sásúil a chur ar fáil ar an uile líne den téacs; ní fhágtar aon ní faoinár samhlaíocht, litrítear gach cor is mionsonra amach: Eibhlín ag féachaint amach tríd an fhuinneog, í ag léimt in airde ar an gcapall, an capall ag déanamh a shlí ar ais 'ar a haitheolas', fuil Airt á hól ag Eibhlín. Ní deacair an bonn a bhaint den saghas sin tráchtaireachta: ní luaitear Maigh Chromtha mar ionad teagmhála in aon leagan den téacs, ní luaitear aon fhuinneog, ní luaitear láir dhonn cheannann;[5] téamaí liteartha seanbhunaithe iad na trí léimeanna úd a thug Eibhlín agus ól na fola nach gá, gan amhras, aon léamh réalaíoch a dhéanamh orthu (Bourke 1980: 33). Ní hamháin gur furasta an bonn a bhaint den tráchtaireacht sin agus den scéal deas rómánsúil atá á chumadh aici, ach go bhféadfaí 'scéal' eile ar fad, scéal difriúil go maith a chumadh, mar atá áitithe ag Bourke (1991: 30) is Ó Coileáin (1988: 113) cheana, ach díriú ar línte eile is leaganacha eile den dán:

> Mo chara go daingean tu!
> do thug mo shúil aire dhuit,
> do thug mo chroí taitneamh duit,
> is d'éalaíos óm charaid leat, ...   (C 5: §§1-4)

> Mo ghrá is mo thaisce duit,
> lá breá Sathairn,
> insa tsráid sin Cheanna Toirc,
> thug mo chroí taitneamh duit,
> thug mo shúil aire dhuit,
> do luíos ar thathaint ort,
> chun mé bhreith abhaile leat, ... (C 11: §§1-7)

> Lá breá Sathairn
> thíos ar an margadh
> thug mo shúil aire dhuit,

thug mo chroí taitneamh duit,
do leanas ag tathant ort
go dtí gur iarrais ar m'athair me
is gur thugais abhaile me ...
ach go dtugtá an maide dhom,
mise fé ndeara san, ...   (C 12: §§1-7, 12-3)

ach go dtugthá an maide dhom,
ach ba mise fá ndeara san,
mar do bhíos ró-rabairneach,
is an stór ró-ghearrra 'gam,
agus nílimse dá chasadh leat, ...
                                    (C 10: §§13-7)[6]

Is ceart dom a rá, ar eagla go gcuirfí im leith nach bhfuil ar siúl agam san *explication du texte* seo ach sniogaireacht acadúil, is ceart a rá nach samhlaím tábhacht dá laghad leis an saghas eolais a sholáthraíonn an tráchtaireacht atá faoi chaibideal agam. Is cuma liomsa cé acu tríd an fhuinneog amach nó trí pholl na heochrach a chonaic Eibhlín Dubh Art, cé acu i Maigh Chromtha nó i gCeann Toirc a chonaiceadar a chéile, cé acu lá breá earraigh nó maidin Sathairn sa bhfómhar a bhí i gceist; cé acu láir dhonn, láir cheannann nó láir dhonn cheannann a bhí ag Art; cé acu trí léim nó seacht gcinn a chaith Eibhlín a thabhairt chun imeacht ón leaba ar mhuin an chapaill; cé acu 'faoin gcluais', mar a dúirt Ó Tuama (1961: 19), 'os cionn na cluaise', mar a dúirt Ó Foghludha (1945: 199), nó 'through the heart', mar a dúirt Croker (1824: 288) a goineadh Art.[7] Ní hamháin nach bhfuil tábhacht leis an saghas sin eolais, dar liom, ach nach bhfuil gá leis ach oiread mar nach bhfuil baint dá laghad aige leis an dán. Is féidir sásamh, taitneamh, brí iomlán a bhaint as an dán (aon leagan de) beag beann ar an eolas sin agus beag beann, chomh maith, ar Phéindlithe, ar Ghéanna Fiáine is ar aon Teach Mór. Ní theastaíonn d'eolas uainn, agus tá an méid sin le baint as an dán féin, ach gur maraíodh Art Ó Laoire. Ní ar cháilíocht na tráchtaireachta sin atáim ag díriú, más ea - ar cumadóireacht ríthaitneamhach an chuid is mó di - ach ar an mhodheolaíocht atá laistiar di.

Tá le tuiscint as an tráchtaireacht sin trí chéile gur insint chruinn fhírinneach ar eachtraí stairiúla atá in 'Caoine Airt Uí Laoire' agus gur go réalaíoch mar cháipéis thuarascálach is ceart é a léamh:

> Ní gá dhúinn aon amhras a bheith orainn ná gur labhair sí fíor nuair a dúirt sí, ag tagairt don fhuil a bhí 'ina sraithibh' leis an gcorp:
> níor fhanas le hí ghlanadh
> ach í ól suas lem basaibh.
> (Ó Cróinín 1949: 38)

> Ní holc an ceacht ar staid agus ar stair na hÉireann sa 18ú haois an caoineadh seo agus an scéal a ghabhann leis. (Ó Cróinín 1962: 32)

> Mar más liric mhór chorraitheach féin é Caoineadh Airt Uí Laoghaire, is cáipéis chruinn faisnéise é chomh maith: tá scéal leanúnach á nochtadh ann, go díreach nó go hindíreach, ó thús go deireadh. Dá mhéad é ár dtuiscint ar an scéal sin, is ea is déine agus is corraithí ár dtuiscint ar an bhfilíocht.
> (Ó Tuama 1961: 24)

Ach is léir nach 'cáipéis chruinn' ná 'scéal leanúnach' atá i gceist. Príomheachtra an scéil féin - marú Airt - ní chaitheann an dán (aon leagan de) aon solas air, ní thugtar aon eolas dúinn ina thaobh; ní thugtar aon eolas dúinn, ach oiread, i dtaobh ar tharla i ndiaidh do Eibhlín teacht ar an gcorp, ní deirtear linn cár chuaigh sí ina dhiaidh sin nó cár tógadh an corp. Nílim á rá gur cheart go mbeadh an t-eolas sin againn ná go bhfuil aon tábhacht leis, ach á mheabhrú atáim nach ar an saghas sin eolais atá an dán ag brath, cé gur ar an saghas sin eolais atá formhór na tráchtaireachta dírithe.

Trí eilimint, a d'áitigh Paredes, a bhí sa bhailéadra a cumadh ar an laoch Meicsiceach, Gregoria Cortez:

The legend of Gregoria Cortez is made up of three kinds of ingredients: of straight fact, of fact exaggerated into fiction, and of pure fiction, found in easily recognizable motifs.

(Paredes 1985: 114)

Tá na heilimintí céanna le haithint in 'Caoine Airt Uí Laoire', cé nach furasta i gcónaí iad a aithint ó chéile nó deilíniú docht a dhéanamh eatarthu. Is furasta na móitífeanna seanbhunaithe a aithint sa dán (an fhuil á hól, na trí léimeanna, an aisling, etc.), ach is é is suimiúla i dtaobh an chaoine, dar liom, sa chás áirithe seo, a laghad 'fíricí' atá sa dán, a laghad den insint ar féidir linn a rá ina taobh, le dearbhú ó fhoinsí iontaofa eile, gur tharla sé, díreach mar a deir an dán. An leagan den 'scéal' is mó agus is leanúnaí atá curtha chun cinn ag na tráchtairí trí chéile - gur casadh Art ar Eibhlín Dubh den chéad uair ag 'ceann tí an mhargaidh' i Maigh Chromtha - níl ann ach léamh áirithe á dhéanamh ar leagan amháin den dán. Cad is fiú, más ea, a bheith ag iarraidh teacht ar 'an scéal'? Fadhb eagarthóireachta is ea é, ní fadhb stairеagrafaíochta, rogha a dhéanamh idir *lá dá bhfaca thu / ag ceann tí an mhargaidh* agus *lá breá Sathairn / sa tsráid sin Cheanna Toirc.* Ní fiú, ach oiread, a bheith ag iarraidh idirdhealú a dhéanamh idir an fhíric agus an ficsean sa dán; tá gach líne 'fíor' - de réir na gcoinbhinsean cumadóireachta atá i bhfeidhm. Lena bhfuil de shaothrú déanta ag na' tráchtairí ar an gcúlra stairiúil, ar an gcúlra sochchultúrtha, ar an gcúlra beathaisnéiseach, ní mór ná go bhfuil fágtha as an áireamh ar fad faoi seo gur cumadóireacht is ea 'Caoine Airt Uí Laoire': chum duine éigin é, uair éigin. Ficsean fileata is ea an dán, faoi mar is ficsean fileata atá i gceist freisin i gcaoine Dheirdre, Chréidhe nó Ghráinne. Má ghlactar leis sin, agus is tuiscint bhunúsach shimplí í sin, dar liom, imíonn an gá le tráchtaireacht 'réalaíoch' a dhéanamh ar an dán agus imíonn an dualgas a bhraith na tráchtairí orthu go dtí seo an dán a 'mhíniú' go sásúil loighciúil.

Níor ghá díriú, an oiread atá déanta agam, ar an tráchtaireacht sin murach an toradh neamh-fhónta a bhí uirthi. Mar de bharr na n-iarrachtaí atá déanta an 'scéal leanúnach' a ríomh, na bearnaí inár gcuid eolais a líonadh, míniú sásúil réalaíoch a thabhairt ar an uile líne trí fhianaise, nach fianaise théacsúil í, a chur siar ar an dán, tá léamh áirithe buanaithe sa tráchtaireacht anois, léamh a d'fhás ó thráchtaire go tráchtaire, léamh gan bhunús, dar liomsa. Tá dhá chuid chomhlántacha sa léamh áirithe seo:

(i) gur in ord a chéile, ag amanna difriúla, ar ócáidí éagsúla a cumadh an dán;

(ii) nach í Eibhlín Dubh amháin a chum an dán, go raibh lámh ag athair is ag deirfiúr Airt sa phróiseas cumadóireachta freisin.

Sa leagan de 'Caoine Airt Uí Laoire' is túisce a scríobhadh síos, chomh fada agus is eol dúinn anois, agus is túisce a cuireadh i gcló (C 4), is mar dhán a chum Eibhlín Dubh, agus ise amháin, a cuireadh i láthair é. Sna leaganacha is túisce a chuir scoláirí Gaeilge in eagar (Bergin 1896, Ó Cuív 1908, 1923), sa dá leagan a sholáthair an tAthair Peadar Ó Laoire (C 6, C 9), sa leagan a chuir an scríobhaí an tAth. Dónall Ó Súilleabháin ar phár (C 10), agus sa leagan a chuir scríobhaí anaithnid eile ar fáil (C 11), is mar dhán a chum Eibhlín Dubh ó thús deireadh, gan chabhair ó aon duine eile, a cuireadh i láthair é. Mar an gcéanna sna díolaimí filíochta a cuireadh amach ina dhiaidh sin, don phobal i gcoitinne (Ó Foghludha 1945: 198) nó do na scoileanna (Breathnach 1931: 75, Ó Canainn 1958: 109), is í Eibhlín Dubh amháin a luaitear leis an dán. Ach, feadh na huaire, bhí tuairim eile á cur chun cinn agus á buanú. Sa leagan den chaoine a chóipeáil Pádraig Feiritéar sa bhliain 1894 (C 5), scríobh sé 'deirbhshiúr Airt' os cionn aon véarsa amháin agus sna véarsaí a thug sé 'nach raibh sgríbhte ag Domhnall mhic Cáib' ach

a fuair sé óna bhean ghaoil Máire Ní
Fhionnagáin, thug sé véarsa eile faoin lipéad
céanna; sa chóip sin níor leag sé aon véarsa ar
athair Airt. Cúig bliana ina dhiaidh sin, san
eagrán den chaoine a chuir an Feiritéarach i gcló
(C 7), leag sé ocht véarsa ar dheirfiúr Airt,
véarsaí a raibh seacht gcinn díobh leagtha ar
Eibhlín Dubh aige roimhe sin; san eagrán sin
leag sé dhá véarsa ar athair Airt. Is deacair a rá
cén bonn a bhí ag an bhFeiritéarach leis an
oiread sin véarsaí a leagadh ar dheirfiúr Airt sa
dara leagan a chuir sé ar fáil (cinneadh é nár
mhínigh sé), ach do tharlódh gur chuaigh na
véarsaí a fuair Bergin ó Dhiarmaid Ó Ríordáin i
bhfeidhm air, véarsaí a raibh mar réamhrá acu:
'On page 6 ... should come an account of the
sister's arrival from Cork. The sister, in her
lament, charges the wife with faithlessness or
indifference ...' (Bergin 1896: 23). Sin í an chéad
tagairt is eol dom do 'the sister's arrival from
Cork', tarlang is tuiscint a bhuanaigh Bromwich
sa tráchtaireacht:

> Apparently the outpourings of the main
> keener were quite frequently broken in upon
> by the arrival of another keener, as occurs on
> the arrival of Eileen Dubh's sister-in-law (ll.
> 98f.).   (Bromwich 1945: 243)

Tamall gearr de bhlianta ina dhiaidh sin, san
eagrán a chóirigh sé do dhaltaí Ardteist-
iméireachta, faoi chomhairle an Ollaimh R. A.
Breatnach, leag Ó Cróinín véarsaí den téacs ar
athair agus ar dheirfiúr Airt agus mhínigh mar
seo é:

> Fé mar atá ráite cheana, is dóichí gur ar Inse
> Charraig an Ime a dhein Eibhlín Dubh a fear
> a chaoineadh an chéad uair. Ach is léir gur i
> gcaitheamh an tórraimh agus lae na sochraide
> a dhein sí mór-chuid de. Bhí athair agus
> deirfiúr Airt láithreach an uair sin agus
> chaoineadar so Art i dteannta Eibhlín.
>   (Ó Cróinín 1949: 35)

Nuair a bhíos-sa ar an Ollscoil in UCC sna
caogaidí bhí 'Caoine Airt Uí Laoire', eagrán Uí
Chuív, mar théacsleabhar sa chéad bhliain
againn; agus an téacs á léamh sa rang dúradh
linn 'deirfiúr Airt', 'athair Airt' a scríobh isteach
sa téacs os comhair véarsaí áirithe.[8] Sin mar a
rinne Ó Tuama ina eagránsan freisin agus
mhínigh mar seo sa réamhrá é:

> An oíche sin i gCarraig an Ime, ní foláir,
> dhein Eibhlín Dhubh roinnt dá caoineadh ar
> an gcorp, agus roinnt eile an oíche ina
> dhiaidh sin ar an tórramh i Ráth Laoich.
> Dhein deirfiúr Airt ó Chorcaigh a dreas
> caointe féin agus, chomh maith leis sin, dhein
> athair Airt rann nó dhó.   (Ó Tuama 1961: 7)

Sampla maith iad na sleachta sin thuas den
tráchtaireacht ag fás is ag dul i gcinnteacht agus
de léamh áirithe ar an ábhar a bheith á bhuanú is
á láidriú ó thráchtaire go tráchtaire. Ach cé gur
mheas tráchtairí difriúla, ón bhFeiritéarach
anuas, gurbh iad deirfiúr is athair Airt a chum
véarsaí áirithe sa chaoine, ní rabhadar ar aon
fhocal i dtaobh cé na véarsaí a bhí i gceist ná i
dtaobh a líon: dhá véarsa a leag an Feiritéarach
ar dheirfiúr Airt ina chéad leagan, ocht véarsa
ina dhara leagan; cúig véarsa a leag Ó Cróinín ar
dheirfiúr Airt, ocht véarsa a chum sí, dar le Ó
Tuama. Ba mhóide bailíocht is údarás an léimh
áirithe sin dá mbeadh na tráchtairí uile ar aon
fhocal i dtaobh na véarsaí a leagann siad ar údair
eile seachas Eibhlín Dubh, ach nílid. Véarsaí a
chum Eibhlín Dubh, dar leis an bhFeiritéarach
sa bhliain 1894, is í deirfiúr Airt a chum iad, dar
leis sa bhliain 1899; véarsa a chum Eibhlín
Dubh, dar leis an bhFeiritéarach, is í deirfiúr Airt
a chum é, dar le Ó Tuama; véarsa a chum athair
Airt, dar le Ó Tuama, is í Eibhlín Dubh a chum
é, dar le Ó Cróinín; véarsa a chum Eibhlín
Dubh, dar le Ó Cróinín, is í deirfiúr Airt a chum
é, dar le Ó Tuama. Is ait liom go bhféadfadh na
véarsaí céanna údair dhifriúla a tharraingt chucu
féin agus músclaíonn sin ceist bhunúsach i

dtaobh na modheolaíochta agus i dtaobh na fianaise. Níor mhínigh aon tráchtaire cén mhodheolaíocht a bhí á cur i bhfeidhm aige agus véarsaí á leagadh aige ar dhuine amháin seachas a chéile; níl d'fhianaise againn ach an fhianaise théacsúil agus is fiú cuid di a athscrúdú. Tugaim anseo sleachta[9] as cuid de na véarsaí sin agus na húdair a luaitear leo:

A Mhoirisín léan ort!
fuil do chroí is t'ae leat,
do shúile caochta,
do ghlúine réabtha,
a mhairbh mo lao-sa ....

> Eibhlín Dubh (Feiritéar 1894, C 5: 300)
> Athair Airt (Feiritéar 1899, C 7: XXVI)
> Eibhlín Dubh (Ó Cróinín 1949: 46)
> Athair Airt (Ó Tuama 1961: XIII)

Mo chara thu is mo ghrá!
gaol mhathshlua an stáit,
go mbíodh ocht mbanaltraí déag ar aon chlár,
go bhfaighdís go léir a bpá ....

> Eibhlín Dubh (Feiritéar 1894, C 5: 301)
> Eibhlín Dubh (Feiritéar 1899: C 7: XXVII)
> Deirfiúr Airt (Ó Tuama 1961: XXIII)[10]

Mo ghrá thu is mo thaitneamh!
gaol an mharcshlua ghairbh,
a bhíodh ag lorg an ghleanna,
mar a mbainteá astu casadh,
á mbreith isteach don halla ....

> Eibhlín Dubh (Feiritéar 1894, C 5 : 302)
> Deirfiúr Airt (Feiritéar 1899: C 7: XV)
> Eibhlín Dubh (Ó Cróinín 1949: 51)
> Deirfiúr Airt (Ó Tuama 1961: XXVI)

Mo ghrá is mo rún tu!
's is breá thíodh súd duit,
stoca chúig dhual duit,
buatais go glúin ort,
carailín cúinneach ....

> Eibhlín Dubh (Feiritéar 1894, C 5: 302)
> Deirfiúr Airt (Feiritéar 1899: C 7:XIX)
> Eibhlín Dubh (Ó Cróinín 1949: 51)
> Deirfiúr Airt (Ó Tuama 1961: XXVIII)

Is deacair liom féin aon fhianaise a aimsiú sna sleachta sin, nó sna véarsaí sin trí chéile, a chuirfeadh ina luí orm gur ghá aon údar eile a lua leo seachas Eibhlín Dubh; mheas Ó Cróinín freisin gurbh ise ab údar do na véarsaí sin. Ach eisean féin, bhí sé ar aon aigne leis na tráchtairí eile gurbh iad athair nó deirfiúr Airt a chum cuid éigin de na véarsaí. Seo dhá cheann acu:

Mo chara thu 's mo shearc!
is éirigh suas, a Airt,
léimse in airde ar t'each,
éirigh go Maigh Chromtha isteach,
is go hInse Geimhleach ar ais ....
            Eibhlín Dubh (Feiritéar 1894, C 5: 300)
            Athair Airt (Feiritéar 1899, C 7: XXI)
            Athair Airt (Ó Cróinín 1949: 47)
            Athair Airt (Ó Tuama 1961: XIV)

Mo chara is mo lao thu!
in aisling trí néallaibh,
do deineadh aréir dom,
i gCorcaigh go déanach,
ar leaba im aonar:
gur thit ár gcúirt aolda,
gur chríon an Ghaortha ....
            Eibhlín Dubh (Feiritéar 1894, C 5: 302)
            Deirfiúr Airt (Feiritéar 1899, C 7: XIV)
            Deirfiúr Airt (Bromwich 1945: 243)
            Deirfiúr Airt (Ó Cróinín 1949: 45)
            Deirfiúr Airt (Ó Tuama 1961: XXVII)

Níor mhínigh aon duine de na tráchtairí cén fáth ar leagadar an véarsa úd *Mo chara thu is mo shearc* ... ar athair Airt, cén bunús a bhí leis an ainmniú sin nó cén fhianaise a bhí acu a thacódh lena dtuairim. Ní hamháin sin ach ní raibh aon aird tugtha ag aon tráchtaire ar an fhianaise a chuir Collins ar fáil, fianaise a thugann le tuiscint go bhfuair athair Airt bás tamall de bhlianta sular maraíodh Art.[11] Is í an fhianaise sin faoi deara do Ó Cróinín a aigne a athrú i dtaobh an scéil, mar cé gur leag seisean an véarsa sin ar athair Airt ina eagránsan (1949: 47), tháinig sé ar mhalairt tuairime ina thaobh ina dhiaidh sin:

Níl aon bhlúire fianaise againn gurbh é athair Airt adúirt 122-135 ... Ní dúirt Nóra Ní Shindile go raibh aon lámh ag athair Airt san obair, agus ní fheadarsa an raibh sé ann chuige. (Ó Cróinín 1962: 250, 253)[12]

Ó Tuama an t-aon duine de na tráchtairí a thug míniú éigin ar véarsaí a bheith á leagadh ar dheirfiúr Airt:

Tamall ina dhiaidh sin, deallraíonn sé, tháinig deirfiúr Airt ó Chorcaigh ....

(Ó Tuama 1961: 26)

Is féidir tuairim a chaitheamh ó rann X go bhfuil deirfiúr Airt ó Chorcaigh i láthair ....

(*ibid.* 51)

Cuireann G [= C 7] ranna XXIV-XXVII i leith deirféar Airt, agus is beag amhras atá ann ná go bhfuil sin ceart. Labhraíonn an deirfiúr i ranna XXIV-XXV ar conas nár fhéad mórán dá gaolta is dá lucht leanúna teacht ar an sochraid, i rann XXVI glaonn sí 'a dheartháir láir na gcarad' ar Art (féach nóta 278), i rann XXVII labhraíonn sí ar aisling a bhí aici i gCorcaigh an oíche roimhe sin.

(*ibid.* 52)

Ach, gan amhras, níl aon fhianaise againn - fianaise théacsúil ná eile - go raibh deirfiúr Airt i gCorcaigh, ná gur ó Chorcaigh a tháinig sí, ná go raibh sí i láthair in aon chor. Na tráchtairí amháin atá á rá sin. Léamh is ea é atá ag brath ar bhrí áirithe a bhaint as línte áirithe agus atá bunaithe ar an tuiscint gurb í deirfiúr Airt atá ag caint i véarsaí áirithe. Ní miste a mheabhrú nach bhfuil tagairt dá laghad, go díreach nó go hindíreach, do dheirfiúr Airt in oiread is líne amháin in aon leagan den dán; ní labhartar uirthi as a hainm nó aon slí eile; ní deirtear nó ní thugtar le tuiscint gurb ise atá ag caint in aon véarsa. Ní léir dom cén tábhacht faoi leith, sa chomhthéacs áirithe seo, a bhaineann le véarsa X mar níl de thagairt do Chorcaigh ann ach:

Mo chara is mo stór tu!
is mó bean chumtha chórach
ó Chorcaigh na seolta
go Droichead na Tóime....

(Ó Tuama 1961: X)

Tagairt ghinearálta í (ar nós ó Thigh Móire go
Donnchadh Daoi) is níl tagairt d'éinne sa véarsa
- deirfiúr Airt ná éinne eile - a bheith tagtha ó
Chorcaigh nó a bheith i láthair. Chomh fada leis
an líne *a dheartháir láir na gcarad*, ní bhfaightear í
ach in aon leagan amháin den dán; *a dheartháir-
eacha* atá i leagan eile agus níl aon líne mar í sna
leaganacha eile. Ach fiú amháin má ghlactar leis
an léamh *a dheartháir*, ní fhágann sin gur gaol fola
atá i gceist idir an té atá ag caint agus an té a
bhfuiltear ag caint leis. Úsáidtear *deartháir*
coitianta, go háirithe san fhilíocht, mar théarma
ceana nó mar ghairmeach: féach, mar shampla,
'*A Sheáin, a dheartháir*, my dear Seán;' '*a dheartháir
m'anama*, man alive!' (FGB *s.v.* deartháir); *a dhear-
tháir na n-árann* á thabhairt ar Mhuircheartach
Óg Ó Súilleabháin sa mharbhna a chum Dónall
Ó Conaill air (Ó Foghludha 1938: 40 §37).

Maidir leis an aisling a bhí ag deirfiúr Airt i
gCorcaigh, tá an léamh áirithe sin ag brath arís ar
an tuiscint gurb í deirfiúr Airt an t-inseoir sa
véarsa áirithe sin agus gur i gCorcaigh a rinneadh
an aisling di, ach d'fhéadfaí a thuiscint as an
véarsa chomh maith gur chuid den aisling í go
raibh sí *i gCorcaigh go déanach, ar leaba im aonar, gur
thit ár* .... Lasmuigh de sin ar fad, ní luaitear
Corcaigh in aon chor i gcuid de na leaganacha:

Mo chara is mo lao thu!
seo aisling trém néallaibh,
do rinneadh aréir dom,
ar leabaidh im aonar,
gur chríon an Ghaortha, ...   (C 6: XXV)

Mo chara is mo lao thu!
deineadh aisling aréir dom,
sa chathair im aonar,
gur thuit an chúirt aolmhar, ...   (*ibid.* 23)

Aisling atá i gceist - coinbhinsean míréalaíoch - ach cé tá ag ríomh na haislinge? Cé dó ar deineadh í? Don inseoir, do Eibhlín Dubh, dar liomsa.

Ní mór dom a admháil nár airíos riamh in 'Caoine Airt Uí Laoire', ón chéad uair a léas is a chuireas de ghlanmheabhair é breis agus daichead bliain ó shin, nár airíos is nár aithníos riamh ann ach an t-aon ghuth amháin: guth uathúil an inseora mná. Agus in ainneoin a bhfuil de thráchtaireacht déanta ag an iliomad tráchtaire ó shin, ní airím fós is ní aithním ach an t-aon ghuth amháin. Ní hamháin sin, ach ní fheicim cén bunús nó cén gá atá lena mhalairt a chur in iúl nó i bhfáth. Is iad na tráchtairí, na tráchtairí amháin, a thugann athair agus deirfiúr Airt i láthair agus a leagann véarsaí áirithe orthu. Ní deacair, is dóigh liom, bunús an mhearbhaill seo a aimsiú. Ag trácht dó ar chuid de na véarsaí seo, deir an Tuamach:

> An dreas caointe a dhein deirfiúr Airt, níl sé chomh mór le rá leis an gcuid eile den dán. Déanann an deirfiúr athrá ar mhórán nithe is fearr a bhí ráite ag Eibhlín roimhe sin .i. conas mar a bhíodh Art feistithe (XXVIII), an saol sa teach mór aige (XXII), conas a fuarthas marbh é (XXVII). Ní éiríonn léi a cumha a chur in éifeacht orainn ach in aon áit amháin (XXIV-V), mar a ndéanann sí leathscéal i dtaobh gan níos mó daoine ó Chorcaigh[13] a bheith ina teannta ar an tórramh. (Ó Tuama 1961: 27)

Cuireann G rann VI i leith na deirféar ó Chorcaigh. Más ar Charraig an Ime a deineadh an rann seo, áfach, ní dócha gurb í an deirfiúr a dhein é ... Ina dhiaidh sin, tá an dealramh ar an rann seo, agus ar rann IV, gur daoine éigin eile a chum iad. Tá athrá déanta iontu ar nithe atá ráite cheana féin ag Eibhlín Dhubh i rann III ... Is féidir a dhéanamh amach ó ranna eile den dán gur bhéas é an t-athrá seo ag caointeoirí difriúla (féach rann

XV, XVI, XIII, XVIII). Ní mór a bheith san amhras, mar sin, i dtaobh rann IV agus VI.

(ibid. 51)

Níl aon cheist ach go bhfuil 'athrá' go raidhseach is go follasach in eagráin difriúla de 'Caoine Airt Uí Laoire' agus go bhfaightear an t-athrá sin go háirithe sna véarsaí a leagann na tráchtairí ar athair is ar dheirfiúr Airt. Féach, mar shampla:

(i) (a) Gur bhreá thíodh hata dhuit
faoi bhanda óir tarraingthe ... ,
(b) is hata faoi lása
taréis teacht duit thar sáile ... ,
(c) is breá thíodh lann duit,
hata faoi bhanda ....
(Ó Tuama 1961: §§21-, 39-, 57-)

(ii) (a) Mo ghrá thu go daingean!
is éirigh suas íd sheasamh ... ,
(b) Mo chara thu 's mo shearc!
is éirigh suas, a Airt ...,
(c) éirigh suas anois,
cuir ort do chulaith ....
(ibid. §§85-, 129-, 181-)

(iii) (a) M'fhada-chreach léan-ghoirt
ná rabhas-sa taobh leat ...,
(b) Mo chreach ghéarchúiseach
ná rabhas-sa ar do chúlaibh ....
(ibid. §§136-, 143-)

(iv) (a) A Mhorrisín léan ort!
fuil do chroí is t'ae leat ...,
(b) Greadadh chughat is díth
a Mhorris ghránna an fhill ....
(ibid. §§122-, 160-)

(v) (a) gan cléireach, gan sagart
do léifeadh ort an tsailm,
ach seanbhean chríonna chaite ...,
(b) gan sagart, gan cléireach,
ach seanbhean aosta ....
(ibid. §§78-, 290-)

Níl aon chúis nach mbeadh athrá i ndán - deis reitriciúil fhíoréifeachtach ar uairibh é - ach is léir, dar liom, nach le hathrá atáimid ag plé i bhformhór na samplaí sin ach le malairtí; véarsaí nó línte malartacha is ea an chuid is mó acu agus níl le déanamh ag eagarthóir le léamha malartacha, pé acu moirféimeanna, focail, línte nó véarsaí atá i gceist, ach rogha a dhéanamh eatarthu. Dá gcuirfí an mhodheolaíocht sin i bhfeidhm ar an téacs thiocfaí ar eagrán níos fuinte ná aon eagrán go dtí seo; bua mór eile a leanfadh sin nach mbeadh aon ghá a thuilleadh ag aon tráchtaire guth a thabhairt do na púcaí liteartha sin, deirfiúr agus athair Airt.

Is í an dara heilimint den léamh áirithe atá curtha siar ag na tráchtairí ar 'Caoine Airt Uí Laoire' gur ar ócáidí difriúla a cumadh é: tar éis mharú Airt, le linn a thórraimh, le linn a shochraide, le linn agus i ndiaidh a adhlactha. Agus cé go bhféadfaí a rá gurbh í Bromwich a chuir síol na tuairime sin, is iad Ó Cróinín agus Ó Tuama is deimhnithí a nocht í agus a leag sceideal cinnte cumadóireachta amach:

> Chuaigh Eibhlín Dubh san diallait de léim agus as go brách léi chun go bhfuair sí í féin os cionn choirp Airt 'ar inse Charraig an Ime'. Is dóichí gur dhein sí cuid den chaoineadh ar an láthair sin. ... Ach is léir gur i gcaitheamh an tórraimh agus lae na sochraide a dhein sí mór-chuid de. (Ó Cróinín 1949: 35)

> An oíche sin i gCarraig an Ime, ní foláir, dhein Eibhlín Dhubh roinnt dá caoineadh ar an gcorp, agus roinnt eile an oíche ina dhiaidh sin ar an tórramh i Ráth Laoich. ... Cuireadh Art Ó Laoghaire i gCill na Martra, ach tamall ina dhiaidh sin haistríodh an corp go Cill Chré. Dhein Eibhlín Dhubh dreas eile caointe agus é á adhlacadh an dara uair; agus dhein sí breis eile fós a chur leis an gcéad chaoineadh aici le himeacht na mblian. (Ó Tuama 1961: 7)

Ar an chéad dul síos, ní mór dom a rá nach 'léir', nach léir domsa pé scéal é, 'gur i gcaitheamh an tórraimh agus lae na sochraide' a rinne Eibhlín

Dubh 'mórchuid' den chaoine, mar a fhógraíonn Ó Cróinín (1949: 35). Ní miste a thabhairt faoi deara nach bhfuil de thagairtí sa téacs féin do thórramh ná do shochraid ach na ráitis *choinníollacha* seo:

> Is mó bean chumtha chórach ...
> ná raghadh a chodladh 'na seomra
> oíche do thórraimh ....
> (Ó Tuama 1961: §§97-103)
>
> Mara mbeadh an bholgach ...
> bheadh an marcshlua borb san ...
> ag teacht dod shochraid ....   (*ibid.* §§255-261)

Agus cé gur dóichí go ndearnadh Art a thórramh agus go raibh sochraid i gceist (sa saol fíre), níl aon trácht ar na tarlaingí sin sa dán. Is fiú a thabhairt faoi deara freisin nach raibh na tráchtairí féin sásta ar fad leis an sceideal cumadóireachta a bhí leagtha amach acu:

> Tá deacracht amháin sa scéal. Cé go ndeir Eibhlín cúpla uair i gcuid III gur 'aréir' a maraíodh Árt (féach l. 203, 230), deir sí sa chuid seo (II) go raibh an corp sa teach[14] aici 'ó mhaidin inné' (l. 121). Má chuimhnímid, áfach, gur dóichí gur déanach ist oíche, 5ú-6ú Bealtaine a dúirt sí na focail seo, is dóigh liom gur féidir linn a thuiscint gurb é is brí le 'aréir' ná oíche an 4ú Bealtaine agus gurb é is brí le 'maidin inné' ná maidin an 5ú Bealtaine.
> (Ó Tuama 1961: 52)

Ach más fíor an chroineolaíocht sin, fágann sé gur cumadh línte 203, 230 (i gcóiriú Uí Thuama) roimh líne 121. Tá níos mó ná 'deacracht amháin' sa scéal, dar liom, mar a thuig Ó Cróinín freisin:

> Ach ós rud é ná fuil fhios againn cad é an t-ord inar cumadh na ranna, ná cathain a chuir deirfiúr Airt a focal isteach, bíodh cead ag gach éinne bheith ag suathadh leis chun a thoile. Ní hé gach éinne, áfach, a raghadh chomh fada lena rá cad é an t-am de lá ná

d'oíche a cumadh cuideanna áirithe den
chaoineadh.   (Ó Cróinín 1962: 32)

Cé gur beag plé atá déanta i dtráchtaireacht
liteartha na Gaeilge, sa chritic Nua-Ghaeilge
féin, ar an bpróiseas cruthaitheach, glactar leis
tríd is tríd gur mar aonad orgánach a chuirtear
dán ar fáil. Sin í an tuiscint thraidisiúnta, gan
amhras: is mar aonaid, roinnte ina véarsaí, a
thagaimíd ar fhilíocht na Gaeilge sna
lámhscríbhinní freisin. Tuiscint thraidisiúnta
choiteann í freisin nach ionann suíomh aon dáin
agus láthair a chumtha: ní móide go n-áiteodh
aon tráchtaire gur ar a leaba is é go lagbhríoch a
chum Ó Rathaille 'Mac an Cheannaí', gur ar
bhruach Loch Gréine a chum Merriman an
'Chúirt' nó gur le hais Loch Vesey a cumadh 'An
Bonnán Buí'. Ní heol dúinn cár cumadh aon
cheann de na dánta sin, níl a fhios againn cé acu
sa leaba, sa scioból, sa ghort, sa leabharlann, nó
sa tábhairne a bhí na filí sin ag cumadh na
ndánta sin dóibh ach tá a fhios againn cad tá á
dhéanamh acu i ngach cás: an suíomh is oiriúnaí
a chruthú.

Eisceacht is ea 'Caoine Airt Uí Laoire' i stair
litríochta na Gaeilge, is cosúil, mar ní hamháin
gurb ionann suíomh an dáin agus láthair a
chumtha, dar leis na tráchtairí, ach ina theannta
sin, is i ndiaidh a chéile ar ócáidí difriúla ag
amanna éagsúla a cumadh é. Ní heol dom aon
dán Gaeilge eile a bhfuil láimhseáil chroin-
eolaíoch mar sin tugtha dó ná míniú mar sin
déanta air. Fiú amháin na dánta fada eile ('Cúirt
an Mheánoíche', 'Eachtra Ghiolla an Amaráin'),
nó aon dán sna seánraí scéalaíocha (na laoithe
fiannaíochta, an aisling), ní heol dom gur nocht
aon tráchtaire riamh an tuairim gur le linn na
dtarlaingí a bhfuil cur síos á ndéanamh orthu sna
dánta sin a cumadh aon dán acu. Ach is mar sin,
a deirtear linn, a cumadh 'Caoine Airt Uí Laoire'
- go spontáineach agus an t-inseoir i gceartlár na
dtarlaingí a bhfuil sí ag trácht orthu:

'Mo ghrá go daingean tu', she said, as in May 1773, some five years after her elopement, she stood beside her outlawed husband's corpse. (Murphy 1948: 10)

'Stadaidh anois d'bhur ngol ...' arsa Eibhlín leis na mná caointe agus iad ag fágaint na cistean. (Ó Cróinín 1949: 41)

Níorbh aon ionadh é dá mba le teacht na maidine 6ú Bealtaine a deineadh an dreas caointeoireachta seo, nuair a bhí an corp á ullmhú le haghaidh an adhlactha .i.

is gránna an chóir a chur ar ghaiscíoch comhra agus caipín ....
(Ó Tuama 1961: 52)

Ní miste a thabhairt faoi deara go bhfuil an eisréimníocht chéanna idir na tráchtairí sa chás seo agus a bhí eatarthu i gcás na ndaoine difriúla a leagann siad na véarsaí éagsúla orthu: faoi mar nach ionann údar do na véarsaí, dar leis na tráchtairí, ní hionann ócáid do na véarsaí ach oiread, dar leo - fiú amháin don véarsa céanna.[15] Is léir gur modheolaíocht scaoilte leaisteach atá á cleachtadh, modheolaíocht a thugann saoirse gan teorainn do gach aon duine againn a bheith 'ag suathadh leis chun a thoile' mar a dúirt Ó Cróinín (1962: 32).

Agus a bhfuil de thráchtaireacht déanta ar 'Caoine Airt Uí Laoire', go háirithe le leathchéad bliain anuas, is ionadh liom a laghad den tráchtaireacht sin atá dírithe ar an dán féin - mar dhán. Is beag plé, mar shampla, atá déanta ar chomhdhéanamh an dáin, ar a thógáil, ar a fhriotal, ar na deiseanna reitriciúla (an t-iar-dhearcadh, mar shampla) a mbaintear earraíocht astu; a mheadaracht féin, níl aon anailís chuimsitheach déanta fós uirthi. Níl aon trácht déanta ach oiread, chomh fada agus is eol dom, ar an bhfráma ama inar cumadh an dán. Is é an fráma sin a dhéanann 'Caoine Airt Uí Laoire' difriúil go maith le dánta scéalaíocha eile na Nua-Ghaeilge, agus le caointe eile fiú, go háirithe sa mhéid go gcuimsíonn an insint an speictream iomlán ama. Cloisimid guth an inseora agus í ag cur síos ar a bhfuil thart, ar ar tharla san aimsir chaite:

> lá dá bhfaca thu ...,
> chuiris parlús á ghealadh dhom ...,
> gur tháinig chugham do chapall ...,
> a mhairbh mo lao-sa ....
>
> (Ó Tuama 1961: §§2, 9, 64, 126)

í ag cur síos freisin, san aimsir láithreach, ar faoi mar atá, ar an staid láithreach; í ag caint lena fear faoi mar a bheadh sé fós beo os a comhair amach:

> is éirigh suas id sheasamh ...,
> is gan aon fhear in Éirinn ... ,
> dís acu ag siúl an tí ... ,
> buailse an bóthar caol úd soir ... ,
> ní hiad go léir atá agam dá ngairm ... ,
> mar a bhfásaid caora ... ,
> mar cloisim á luachaint ....
>
> (*ibid.* §§86, 127, 164, 188, 202, 217, 356)

agus í freisin ag féachaint roimpi amach, í ag cur síos ar a dtitfidh amach san aimsir fháistineach:

> is nuair thiocfaidh chugham abhaile ... ,
> agus is dócha ná cuirfead díom ... ,
> 's go raghad anonn thar toinn ... ,
> ní scaipfidh ar mo chumha ....
>
> (*ibid.* §§45, 166, 322, 379)

Faightear an speictream céanna go munic sna seánraí scéalaíocha trí chéile, san aisling pholaitiúil go háirithe:

> Im aonar seal ag siúl bhíos ...
> táid caor is sneachta ar lúth shíor ...
> beidh cléir na gceacht gan púicín ....
>
> (Dinneen 1902: 7 §§539, 555, 595)

ach murab ionann is an aisling, nó na laoithe fiannaíochta, ní miste a thabhairt faoi deara nach de réir na croineolaíochta 'nádúrtha', nach go leanúnach réalaíoch de réir chomhleanúint na n-aimsirí (caite → láithreach → fáistineach) a

réalaítear an insint in 'Caoine Airt Uí Laoire', ach
go luaimneach neamhleanúnach agus na haimsirí
gramadaí ag déanamh uainíochta ar a chéile, ní
de réir ama ach de réir riachtanais an dáin:

    lá dá bhfaca thu ... ,
    is cuimhin lem aigne ... ,
    is nuair thiocfaidh chugham abhaile ... ,
    is níor chreideas riamh dod mharbh ... ,
    is éirigh suas id sheasamh ... ,
    níor throm suan dom ... ,
    bhfuil aon bhean in Éirinn ... ,
    a Mhorrisín léan ort ... ,
    ná rabhas-sa taobh leat ... ,
    sin í do láir amuigh ... ,
    's is breá thíodh súd duit ... ,
    ná beidh caidhp ar bhathas mo chinn ...,
    éirigh go dtí Baldwin ....

               (Ó Tuama 1961: §§2, 19, 45, 63, 86,
       109, 114, 122, 137, 187, 298, 316, 360)

Tá an t-inseoir mar a bheadh sí lasmuigh den
choincheap teibí a dtugaimidne 'am' air; tá sí, ar
shlí, neamhspleách ar am; ar a laghad níl sí faoi
chuing aige: ní deirtear linn is ní heol dúinn
cathain a cumadh an dán, aon phioc de, ó
laethanta meala na chéad teagmhála sna línte
tosaigh (*lá dá bhfaca thu* ...) go brón dólásach
uaigneach na síoraíochta sna véarsaí deiridh (*ní
scaipfidh ar mo chumha* ...). Tá an insint tógtha ar
pheirspictíocht ama a chuimsíonn caite/
láithreach/fáistineach in éineacht agus is í an dí-
aimsearthacht sin faoi deara cuid mhaith an
mianach eiliminteach aircitípeach a bhraithimse
sa dán. Cuireann an dí-aimsearthacht sin ina luí
orm freisin gur i ndiaidh na n-eachtraí
coscaracha a bhfuil an dán bunaithe orthu a
cumadh an caoine agus ní ar an mball go
spontáineach.[16] Ní thuigimse, más ea, conas is
féidir nó is gá suíomhanna difriúla (marú,
tórramh, sochraid, adhlacadh) a lua leis an dán;
is cinnte nach luann an dán féin (aon leagan de)
suíomhanna difriúla. Ní miste a mheabhrú nach
ndeirtear (in aon leagan) cá bhfuil an t-inseoir

nuair a thosaíonn an dán, cá bhfuil sí nuair a
thosaíonn an chéad iardhearcadh, súil siar a
chríochnaíonn leis an inseoir os cionn a fir: 'go
bhfuaireas romham tu marbh'. Ní deirtear, ach
oiread, i bhformhór na leaganacha cén áit atá i
gceist - 'do chuas i mball ná feadar' adeir leagan
amháin (C 10 §37); ná ní deirtear, in aon leagan,
cad a tharla ina dhiaidh sin - don inseoir ná don
chorp. Is é is mó atá sa chuid eile den chaoine, ó
véarsa IX go véarsa XXXVI i gcóiriú Uí
Thuama, an t-inseoir ag caint lena fear, mar aon
le hiardhearcadh eile ar a shaol, mallacht ar a
naimhde, móradh ar a ghinealach is ar a thréithe
agus tríd an dán tagairtí rialta dá fear a bheith
'anso':

> atá anso traochta
> ó mhaidin inné agam ....
> > (Ó Tuama 1961: §§120-1)
> marcach na lárach doinne,
> atá agam féin anso go singil ....
> > (*ibid.* §§205-6)
> is bean chiarsúra bháin gan teimheal
> a bheadh anso gan mhoill,
> ag gol os cionn do chinn ....
> > (*ibid.* §§333-5)

Ní deirtear sna sleachta sin cén áit atá i gceist le
'anso' ach faoi dhó sa dá leagan den chaoine a
thug Nóra Ní Shindile uaithi luaitear 'inse
Charraig an Ime':

> acht Art dá bhaint aréir dá bhonnaibh,
> marcach na lárach doinne,
> atá agam féin anso go singil,
> ar inse Charraig an Ime ....   (C 5: 301)

> i ndiaidh marcaigh na lárach doinne,
> atá agam féin anso go singil,
> ar inse Charraig an Ime.   (C 4: xxvii)

> i ndiaidh mharcaigh na lárach doinne,
> atá agam féin anso go singil,
> ar inse Charraig an Ime.   (C 5: 303)

D'fhéadfadh gur athrá éifeachtach atá i gceist, d'fhéadfadh gur athrá iomarcach, d'fhéadfadh gur malairtí iad na línte sin ach is é a dtábhacht go gceanglaítear, nó ar a laghad gur cheangail Nóra Ní Shindile, le chéile go soiléir iontu 'anso' le háit chinnte. Is riachtanas modheolaíochta é, dar liom, glacadh leis an fhianaise phríomha - an fhianaise théacsúil - agus má dhéanaimid sin, níl de rogha againn ach na tagairtí sin do 'inse Charraig an Ime' a fhágáil ar lár[17] agus a rá nach bhfuil aon áit faoi leith luaite le suíomh an dáin nó iad a chur sa téacs agus a rá gurb é an suíomh atá i gceist 'inse Charraig an Ime', suíomh a thagann go mór leis an mianach eiliminteach aircitípeach a bhraithimse sa dán.

Ní mór a thabhairt faoi deara nach luaitear aon suíomh faoi leith ach oiread sna caointe aitheantúla eile ar tháinig téacs díobh anuas (C, C 1, C 2, C 3, C 18) agus nach luaitear de shuíomh in 'Caoine na dTrí Muire' ach 'Muire ag imeacht amach go cráite, Aoine an Chéasta, ag tóraíocht a mic, agus á chaoineadh nuair a thagann sí san áit a bhfuil sé' (Bourke 1978: 67). Tá le tuiscint as na caointe sin trí chéile gur as a seasamh a rinne na hinseoirí na caointe, sa bhall ar thángadar ar an gcorp - an suíomh céanna atá ag 'Caoine Airt Uí Laoire'. Ach tuairim dá mhalairtsean ar fad atá curtha chun cinn roimhe seo: is í céadfa choiteann na dtráchtairí uile romham, mar atá feicthe againn, gur in ord a chéile, ó am go ham, ar ócáidí difriúla a cumadh 'Caoine Airt Uí Laoire'. Agus má scrúdaítear foinse na tuairime coitinne sin chífear nach bhfuil de bhunús léi ach gur i gcomhthéacs na caointeoireachta, mar chuid de riotuál na caointeoireachta, a phléitear an dán.

II

Apparently the outpourings of the main keener were quite frequently broken in upon by the arrival of another keener, as occurs on the arrival of Eileen Dubh's sister-in-law .... Thus the Keen for Art O'Leary is the climax of a long tradition of keening, developed to a particularly fine art in this south-western district of Munster....

(Bromwich 1945: 243-4)

Ach is léir gur i gcaitheamh an tórraimh agus lae na sochraide a dhein sí mór-chuid de. Bhí athair agus deirfiúr Airt láithreach an uair sin agus chaoineadar so Art i dteannta Eibhlín. Bhí an cheard acu go léir ar áilleacht na cruinne.   (Ó Cróinín 1949: 35)

Ach tá gné eile fós den chúlra sin nach mór tuiscint di sar is féidir meanma an dáin a thuiscint ar aon tslí iomlán. Is é gné é sin ná an traidisiún fada caointeoireachta as a bhfuil sé fáiscthe. ... Ní dócha gur mhair aon duine eile in Éirinn lena linn, nó ina diaidh, a fhéadfadh nós cianársa na caointeoireachta Gaeilge a chleachtadh in aoirde a chumais.

(Ó Tuama 1961: 21, 30)

Ó Bromwich ar aghaidh is mar shampla de cheird na caointeoireachta atá an caoine mar sheánra á phlé agus 'Caoine Airt Uí Laoire' mar dhán á chur i láthair. Is é atá á chur in iúl ag an tráchtaireacht sin trí chéile, is é príomhimpleacht a hargóna, gur bhean chaointe í Eibhlín Dubh. Is cinnte nach bhfuil an t-ionannú sin ag teacht lena bhfuil d'eolas againn i dtaobh na mban caointe ná i dtaobh Eibhlín Duibh. Aicme imeallach go maith, is cosúil, ab ea na mná caointe sa tsochaí thraidisiúnta; daoine arbh ábhar magaidh iad féin agus a ngairm agus a raibh de cháil orthu go ndéanfaidís caoine áiféalach adhmholtach ar aon chorp ach luach saothair cuí a fháil. De réir na fianaise atá againn, is leis an ísle, leis an daoscar go háirithe a samhlaíodh an ghairm:

> As a rule professed keeners were of a low class. They of course were pressed to drink ... they became degraded ... There were exceptions even among keeners; some of them were respectable; but as a rule they were as described.
>
> (RIA 12 Q 13: 42-3)

> The keener is almost inevitably an aged woman; or if she be comparatively young, the habits of her life make her look old.
>
> (Hall 1841 i: 227)

> On the corpse being laid out in the evening for 'waking' she is said to have spoken the following keen, which is singular, because the Hodder family hold a highly respectable rank among the gentry of the county, and, at that time, the custom of keening had fallen into disrepute, and was practised only by the peasantry. (Croker 1844: 91)

An íomhá den bhean chaointe a chuireann an litríocht ar fáil dúinn, is cinnte nach íomhá í a shamhlófá le bean uasal ar nós Eibhlín Duibh:

> That, then, is the traditional appearance and character of the *bean chaointe*: she is barefoot and bareheaded, her hair is loose around her shoulders, and her clothes are often torn or ragged .... (Bourke 1980: 31)

Mar a deirim, is mar impleacht atá an t-ionannú idir Eibhlín Dubh agus an bhean chaointe á dhéanamh sa tráchtaireacht trí chéile, ach ní mar impleacht a nochtann Ó Madagáin é, ach mar fhíric:

> Irish tradition possesses various kinds of poetic lament for the dead: first, the keen (*caoineadh*) performed in the presence of the corpse, usually by the *bean chaointe* or keening

woman, *Caoineadh Airt Uí Laoghaire* (1773)
being the outstanding example.

(Ó Madagáin 1981: 311)

Ach ní hamháin gur bhean chaointe í Eibhlín
Dubh, dar le Ó Madagáin, ach gurbh amhránaí
nó gur chantaire de shaghas éigin í chomh maith
a rinne a caoine a rá, ní in aon racht caointe
amháin ach ag uaireanta éagsúla ar ócáidí
difriúla:

> Each of these kinds of lament was performed
> to music: neither the keen of the common
> folk nor the learned elegy was given mere
> recitation ... The four hundred or so lines that
> have survived of *Caoineadh Airt Uí Laoghaire*
> are made up of such verses, of irregular
> length, sung by various people (though
> principally his widow Eibhlín Dubh) at
> intervals of minutes, hours, days, even
> months (if only because of Art's re-burial).

(Ó Madagáin 1981: 311-2)

Cuid bhailí den scoláireacht riamh í an hipitéis,
gan amhras, ach an hipitéis is hipitéisí féin
caithfidh coibhneas éigin a bheith idir í agus an
fhianaise; má sháraítear an coibhneas sin tá
chomh maith againn dul ar ais go dtí laethanta
Vallancey is Mac Pherson. Is ceart, más ea, bunús
na téise, maidir le ceol 'Caoine Airt Uí Laoire',
atá curtha chun cinn ag Ó Madagáin a scrúdú.

Dhá bhlúire fianaise, chomh fada agus a
thuigimse, atá laistiar den téis:

(i)   De réir na gcuntas iomadúla difriúla, idir
        chuntais sheachtracha agus chuntais
        inmhéanacha, atá againn ar riotuál na
        caointeoireachta in Éirinn, is léir go raibh
        saghas éigin cantaireachta mar chuid
        bhunúsach de. Croker (1844: xxv) is túisce
        a thug 'recitative' air, téarma ar ghlac Joyce
        (1873: 59), Ó Madagáin (1978: 31, 43;
        1981: 314) agus de Bhaldraithe (Ó
        Madagáin 1985: 148) leis gan cheist ó shin;
        'chaunt' a thug John Windele (RIA 4 B 41:

216) air, úsáideann Beauford (1789: 58) agus Petrie (NLI Jolly MS 25: 25) an téarma 'crónán' agus is é an téarma sin freisin is mó a úsáidtear san fhianaise inmheánach (Ó hAilín 1971).[18]

(ii) Bailíodh, san aois seo, in áiteacha difriúla i gcúige Mumhan, blúirí de 'Caoine Airt Uí Laoire', agus de chaointe eile, agus fonn ceoil leo; ó Labhrás Ó Cadhlaigh sa Rinn is mó a bailíodh na blúirí sin.

Táimid imithe isteach anois i réimse eile léinn, sa cheoleolaíocht, disciplín nach bhfuil scil dá laghad agamsa inti. Agus cé go gcreidim gur cheart an cheist chasta seo - ceist an cheoil agus na véarsaíochta Gaeilge trí chéile - gur cheart í a fhágáil faoi scoláire éigin amach anseo a mbeidh traenáil ghairmiúil sa cheoleolaíocht agus i léann na Gaeilge araon uirthi/air, táim fós chun a bhfuil le rá agam ina taobh a chur síos anseo. Déanaim sin mar nach le léann ná le ceoleolaíocht a bhaineann a bhfuil le rá agamsa, ach le gnáthchiall. Sid é é:

(i) Is féidir ceol a chur le haon saghas véarsaíochta; is féidir foinn difriúla ceoil a chur leis an véarsaíocht chéanna agus is féidir an ceol céanna a chur le meadarachtaí difriúla;

(ii) Ní toisc gur chuir Seán Óg Ó Tuama ceol san aois seo leis an dán Meán-Ghaeilge 'Deus Meus Adiuva Me' (Maol Íosa Ó Brolcháin), nó gur chuir Seán Ó Riada ceol le 'Mná na hÉireann' (Peadar Ó Doirnín), go raibh an ceol áirithe sin nó aon cheol eile ag baint leis na dánta sin ó thús;

(iii) Ní toisc gur chualathas blúirí de 'Caoine Airt Uí Laoire' á rá /seinnt - le foinn difriúla - i nGaeltachtaí na Mumhan san aois seo go raibh aon fhonn ceoil acu sin ag baint leis, nó fonn ceoil ar bith ag baint leis, ó thús.[19]

Ní mór a rá go bhfuil cuid éigin den mhéid sin admhaithe ag Ó Madagáin féin:

We cannot be certain, of course, that the tune noted from Bean Uí Chonaill was that actually used by Eibhlín Dubh 168 years before. (Ó Madagáin 1981: 329 n. 15)

Maolú tábhachtach é sin ar an téis, cé gur i bhfonóta atá, ach ní leor mar mhaolú é; ní mór an téis ar fad a chealú mar nach bhfuil fianaise dá laghad ann, fianaise phríomha nó fianaise thánaisteach, gur úsáid Eibhlín Dubh aon fhonn ceoil ná go raibh aon ghuth cinn aici. Is léir nach raibh á dhéanamh ag Ó Madagáin, agus ceol á thabhairt aige do Eibhlín Dubh le linn di an caoine a reac, ach an suíomh a bhí bunaithe is buanaithe ag an tráchtaireacht roimhe, suíomh na caointeoireachta, a thabhairt go loighciúil chun críche. An eilimint bhreise a chuir seisean leis an tráchtaireacht (an caoine á chanadh ag Eibhlín Dubh) tá glactha léi gan cheist ó shin, go háirithe ag na scoláirí is deireanaí a phléigh an dán, Bourke agus Ó Coileáin.[20] An trácht-aireacht a bhí bunaithe is buanaithe faoi na seachtóidí, thógadarsan uirthi sna hochtóidí is na nóchaidí ach go ndearnadar déileáil léi i gcomhthéacs níos scolártha is níos sofaisticiúla ná mar a rinneadh go dtí sin: teicníc na cumadóireachta béil mar a thuig is mar a léirigh Parry/Lord í.[21]

Glactar leis coitianta gur thaighde réabhlóideach í an taighde a rinne Parry agus Lord ar fhilíocht eipiciúil na Slabhach, taighde a raibh an-tionchar aige ar dhisciplíní difriúla léinn ina dhiaidh sin, go háirithe ar na clasaicí agus ar an litríocht bhéil. 'The Darwin of oral literature' a thug scoláire amháin ar Parry; dar le scoláire eile go raibh conclúidí Lord, maidir le 'the nature of oral technique', go rabhadar 'destined to stand'.[22] Leabhar Lord (1960) go háirithe, chuir sé casadh bunúsach i staidéar is i léamh an bhéaloideasa. Mar a tharlaíonn go minic, is go déanach a tháinig Lord go hÉirinn ach, suimiúil go leor, ní hiad na béaloideasóirí a bhain earraíocht as a shaothar abhus ach na scoláirí Gaeilge Bourke

(1983, 1988, 1991) agus Ó Coileáin (1988).[23] De réir na teoirice a chuir Parry/Lord chun cinn, ní reacaireacht ná insint amháin a bhí sa seachadadh ó bhéal ach cumadóireacht spontáineach le linn na reacaireachta:

> For the oral poet the moment of composition is the performance ... An oral poem is not composed *for* but *in* performance ... We must eliminate from the word 'performer' any notion that he is one who merely reproduces what someone else or even he himself has composed. Our oral pcet is composer. Our singer of tales is a composer of tales. Singer, performer, composer, and poet are one under different aspects *but at the same time* ....
>
> (Lord 1960: 13)

Mar sin, ag glacadh leis an teoiric sin, is é atá i seánra an chaoine trí chéile agus in 'Caoine Airt Uí Laoire' go háirithe 'performing - not writing', mar a deir Bourke (1991: 1); litríonn Ó Coileáin amach go glinn is go lánmhar na himpleachtaí feidhmiúla a bhaineann leis an teoiric a chur i bhfeidhm ar an dán:

> But perhaps the most important point to bear in mind is that what may appear to us as a text of, say, 390 lines, as in the most recent edition of *Caoineadh Airt Uí Laoghaire* ('The lament for Art O'Leary') is not a literary composition, nor merely an oral composition either, but part of a dramatic performance of which the verbal element is but one factor. The initial mumbling, the choral howl, the various comings and goings of relatives and friends, the pauses, the silence, the background conversation and general carry on - all these things require to be edited back into our reading the text and to be understood to determine its shape as much as the usual considerations of language among which we may easily lose both ourselves and our understanding of that which ought to be

34

our principal concern: the moment of composition and delivery, the only occasion when the poem can be said to have had any real existence. (Ó Coileáin 1988: 103-4)

Teoiric an-mhealltach í teoiric Parry/Lord agus ní hionadh go nglacfadh scoláirí Gaeilge go fonnmhar léi ó bronnann an teoiric stádas gradamúil aeistéitiúil ar an reacaire/cantaire, stádas nár samhlaíodh leis roimhe sin: ní seachadaí fulangach atá i gceist a thuilleadh, ach cumadóir cruthaitheach. Léaspairt an-tábhachtach an-tairbheach í sin ach níor cheart aon teoiric, dá mhealltaí oiriúnaí í, a shlogadh gan díleá grinn a dhéanamh uirthi ar dtús. Tá an chuma ar an fhianaise gur léamh bailí í teoiric Parry/Lord sa chomhthéacs inar cuireadh chun cinn ar dtús í: véarsaíocht eipiciúil na Slabhach. Ceist eile ar fad í an féidir teoiric (nó teicníc) a bhí bunaithe ar sheánra cinnte áirithe i sochaí áirithe, an féidir an teoiric sin a chur siar ar sheánraí eile i gcultúir is i litríochtaí eile? Dar le Parry/Lord, agus lena ndeisceabail, gurbh fhéidir mar cé gur ar fhilíocht eipiciúil na Slabhach go príomha a bhí an teoiric bunaithe, agus gurbh iad tréithe na véarsaíochta eipiciúla, mar a chleacht cantairí neamhliteartha na Slabhach í, a bhí á léiriú acu, ba thréithe iadsan a raibh feidhm uilí leo, tréithe a léirigh an véarsaíocht bhéil trí chéile:

The purpose of the present collection of oral texts has been made not with the thought of adding to the already vast collections of that poetry, but of obtaining evidence on the basis of which could be drawn a series of generalities applicable to all oral poetries; which would allow me, in the case of a poetry for which there was not enough evidence outside the poems themselves of the way in which they were made, to say whether that poetry was oral or was not, and how it should be understood if it was oral. In other words the study of the Southslavic

poetry was meant to provide me an exact
knowledge of the characteristics of oral style
.... A method is here involved, that which
consists in defining the characteristics of oral
style ....   (Parry & Lord 1954: 4)

Tuigtear dom, cé nach béaloideasóir ná
clasaiceoir mé, go bhfuil teoiric Parry/Lord, dá
mhealltaí thairbhí a shamhlaíonn sí ar dtús, go
bhfuil an teoiric bunaithe ar dhá mhíthuiscint
bhunúsacha: (i) gur féidir idirdhealú dénártha a
dhéanamh idir an chumadóireacht bhéil agus an
chumadóireacht scríofa; (ii) nach bhfuil ach an
t-aon teicníc chumadóireachta sa litríocht bhéil
ann, mar atá, 'composition during oral
performance' (Lord 1960: 5). Is léir, is dóigh
liom, nach féidir, sa Ghaeilge cinnte, agus, is
cosúil, i litríochtaí eile freisin, idirdhealú
dénártha absalóideach mar sin a dhéanamh; is
soiléir freisin, agus tá taispeánta ag scoláirí
difriúla, go bhfuil teicníc na cumadóireachta béil
níos casta is níos ilfhoirmí ná a thug Parry/Lord
le tuiscint; is cinnte nach taobh le haon teicníc
amháin atá sí:

What is more, there is no clear-cut line
between 'oral' and 'written' literature, and
when one tries to differentiate between them
- as has often been attempted - it becomes
clear that there are constant overlaps. ... Oral
poetry can take many different forms ... it
does not manifest itself only in the one
unitary model envisaged by some scholars. ...
the overall picture of diversity remains,
together with a growing doubt whether the
gulf between 'oral' and 'written' literature is as
deep as sometimes assumed. ... This kind of
composition-in-performance is not the only
kind of oral composition.
                        (Finnegan 1977: 2, 9, 16, 18)

Ní hionadh, mar sin, go bhfuil idir theoiric is
mhodheolaíocht Parry/Lord ceistithe is séanta
ag scoláirí difriúla i ndisciplíní difriúla ó shin; tá
cruthaithe go soiléir nach féidir a modheol-

aíochtsan a chur siar go huathoibríoch ar ábhar is ar litríochtaí eile.[24]

De réir an tsuirbhé a rinne Ross, is do 'traditional texts' is mó a bhí urraim sa tsochaí thraidisiúnta i nGaeltacht na hAlban; b'í an tuiscint a bhí i réim de 'a good tradition-bearer' ná 'one who does not reformulate or alter what he has heard'; dá réir sin, is mar 'reciter and not as extempore composer' a bhí meas ar an seanchaí (Ross 1959: 12). Dar le Rogers (1966: 94, 102) nach 'universally valid model' a bhí i gceist sa teoiric is cháin sé go láidir an 'growing dogmatism' a bhain le deisceabail Parry/Lord, dogmachas, dar leis, a bhí bunaithe níos mó ar 'faith and presumed psychological insight' ná ar an réasún; d'áitigh Kirk (1966: 156) gur bheag 'in the field of oral poetry' a bhí 'objectively demonstrable' agus go raibh an teoiric trí chéile 'wrong ... or at least imperfect and misleading in method'; shéan Buchan (1972: 172), agus an t-idirdhealú dénártha á cheistiú aige, go gcaithfí glacadh leis 'that the genre as a whole is a product of oral composition' toisc go raibh 'oral characteristics in some texts'; léirigh Finnegan (1977: 24) go raibh 'innumerable cases of poetry which has both 'oral' and 'written' elements. The idea of pure and uncontaminated 'oral culture' as the primary reference point for the discussion of oral poetry is a myth'. Lasmuigh de shaothar Homer, is í filíocht an tSean-Bhéarla an t-ábhar fileata is mó ar cuireadh teoiric Parry/Lord i bhfeidhm uirthi go dtí seo agus is sa disciplín léinn sin is mó atá plé déanta ar an teoiric. Sa staidéar cuimsitheach a rinne Watts (1969) ar shaothar na scoláirí sin a ghlac le teoiric Parry/Lord is a chuir i bhfeidhm go dígeanta ar *Beowulf* is ar dhánta eile Sean-Bhéarla í, thaispeáin sí go raibh a saothar an-lochtach ó thaobh na modheolaíochta is ó thaobh na bhfíricí; níor analach slán é an t-ábhar Slabhach a chur i gcomparáid le hábhar an tSean-Bhéarla; 'the imperfect application' a thug sí (1969: 63) ar an saothar trí chéile. Oiriúnaíonn an lipéad céanna - *a fortiori* dar liomsa - do áiteamh Uí Choileáin (1988) agus don iarracht atá déanta aigesean teoiric Parry/Lord a chur siar ar 'Caoine Airt Uí Laoire'.

Is iad na tréithe a d'aithin is a léirigh Lord, agus 'the marks of oral verse' á leagadh síos aige, 'formulaic technique ... thematic structure ... the test of enjambment'.[25] Nuair a thrácht Lord is scoláirí eile, go háirithe a dheisceabail féin, ar an chumadóireacht bhéil a bheith foirmlíoch, ní hé a bhí i gceist acu go mbeadh foirmlí le fáil thall is abhus in aon dán faoi leith nó in aon seánra faoi leith, mar atá i seánraí difriúla sa Ghaeilge, ach go mbeadh an tréith sin forleathan, go mbeadh an dán nó an seánra foirmlíoch go huile is go hiomlán:

> It is highly important to emphasize the fact that the formulas are not limited to the familiar epithets and oft-repeated lines, but that the formulas are all pervasive ....
>
> The formulaic techniques, therefore, in Greek and South Slavic poetries are genetically identical and operate on the same principle. This is the surest proof now known of oral composition .... (Lord 1960: 142-4)
>
> But the really significant test is not whether one can find formulas or repeated phrases in the manuscript, but rather how frequent they are in any given passage. ... although there are formulas in the manuscript, they are not all-pervasive as in a true oral text. (*ibid.* 213)
>
> Parry, aided by Lord, demonstrated that the characteristic feature of all orally composed poetry is its totally formulaic character ... Oral poetry, it may be safely said, is composed entirely of formulas, large and small, while lettered poetry is never formulaic .... (Magoun 1953: 446-7)

Ag glacadh le slat tomhais Parry/Lord féin, go mbíonn an véarsaíocht bhéil 'totally formulaic', go mbíonn na foirmlí sin 'all pervasive', ní fhéadfaí 'Caoine Airt Uí Laoire' ná seánra an chaoine trí chéile a áireamh mar shampla den saghas sin véarsaíochta. Tá, gan amhras, foirmlí le fáil is le haithint in 'Caoine Airt Uí Laoire' agus i gcaointe eile ach is beag iad. Má thógaimid an cóiriú a rinne Ó Tuama (1961), a bhfuil 390 líne ann, níl ach 100 líne díobh, dar liom, foirmlíoch. Céatadán an-íseal é sin i gcomh-ard le céatadán de 90% a luann Parry (1930: 90) is Lord (1960: 47, 54, 142-4) go rialta san ábhar a bhí i gceist acusan. Céatadán chomh híseal céanna a fhaightear sna caointe aitheantúla eile.

Is é an struchtúr téamúil an dara tréith idirdhealaitheach a shamhlaigh Lord leis an véarsaíocht bhéil. Ní hé a bhí i gceist aige leis sin go bhféadfaí téamaí fréamhaithe seanbhunaithe a aimsiú i ndán nó i seánra faoi leith - gné choiteann uilí de litríochtaí an domhain - ach go raibh an dán/seánra tógtha go hiomlán ar na téamaí sin, ceann i ndiaidh a chéile acu ag fás go struchtúrtha as a chéile agus iad le fáil go minic, fiú sa téacs céanna: 'the same basic incidents and descriptions are met with time and again ... the themes lead naturally from one to another to form a song ...' (Lord 1960: 68, 94). Faightear sampla an-bhreá den struchtúr téamúil sin in aisling pholaitiúil an ochtú haois déag, mar shampla (Ó Buachalla 1996: 329-30), ach is léir nach ionann cás do 'Caoine Airt Uí Laoire' ná do sheánra an chaoine trí chéile. Níl aon cheist, mar atá luaite go minic cheana, ach gur féidir téamaí coiteanna a aimsiú in 'Caoine Airt Uí Laoire' (na trí léimeanna, ól na fola, an aisling, etc.) ach nílid riachtanach ná éigeantach; feidhmíonn na caointe aitheantúla á n-uireasa go minic. Eisceacht is ea 'Caoine Airt Uí Laoire', ar shlí, ar mhéad na dtéamaí sin; is beag díobh a fhaightear sna caointe aitheantúla eile, mar a léiríonn an chairt seo:

Téama	C	C1	C2	C3	C4	C18
na trí léimeanna:	-	-	-	+	+	-
ól na fola	-	-	-	-	+	-
cuntas an fhir	+	+	+	+	+	+
cuntas a thí	-	-	-	-	+	-
an aisling	-	-	-	-	+	-
an ginealach	-	+	-	-	+	+
an mhallacht	+	+	-	-	+	-

Murab ionann is an véarsaíocht eipiciúil a raibh Lord ag cur síos uirthi, is beag d'ábhar an chaoine a bhí inaistrithe ó dhán go dán acu agus b'fhéidir nach cúis iontais sin: is caoine *ad hominem* gach ceann acu, caoine a cumadh ar ócáid áirithe, de bharr cúinsí áirithe, ar dhuine áirithe faoi leith. Chun é a chur i mbeagán focal, ní móide go bhféadfaí *éirigh suas, a Airt* a úsáid in aon chaoine eile ach amháin in 'Caoine Airt Uí Laoire', ní móide go bhféadfaí an mhallacht ar Bheití Squibb a chur in ócáid ach amháin sa chaoine ar Shéamas Óg Mac Coitir, ní móide go mbeadh ginealach Thoirdhealbhaigh Uí Bhriain oiriúnach in aon chaoine eile ach amháin sa chaoine air féin. Ní hiad na téamaí comhchoiteanna a dhealaíonn an caoine amach ó sheánraí eile is a dhéanann seánra so-aitheanta faoi leith de ach an suíomh (an bhean ag caint leis an bhfear as a ainm) agus an stíl. Is í an stíl sin, dar le Ó Coileáin, a dhearbhaigh téis Lord agus cáilíocht bhéil an tseánra in éineacht:

The stanza, and consequently the poem, is constructed as a series of paratactic phrases; there are but very few instances of what Professor Lord speaking of some characteristic oral features of South Slavic epic poetry, calls 'necessary enjambment'. ... While stressing that due consideration must be given to other factors such as musical background, length of line and the particular language involved, he states (p.145) that 'The test of enjambment analysis is, as a matter of fact, an easily applied rule of thumb that can be used on first approaching a new text to determine the possibility of oral composition'. This observation would seem to be reinforced by our material.

(Ó Coileáin 1988: 102, n. 11)

Ach cé gur áitigh Lord sa sliocht sin, mar a deir Ó Coileáin, gur 'rule of thumb' soláimhsithe í an tréith sin 'enjambment' agus anailís á déanamh ar théacs, ní raibh á áiteamh aige ach go raibh *b'fhéidir* i gceist: 'the possibility of oral composition'. In áiteacha eile sa leabhar d'fhógair sé go soiléir nár leor an tréith sin amháin chun cumadóireacht bhéil a chur i bhfáth:

> But enjambment cannot be used as the sole test in determining oral or 'literary' style; it alone is not a reliable guide. This is because writing actually tends to emphasize composition by line equally as much as the music or the instrumental accompaniment does for the purely oral performance.   (Lord 1960: 131)

> In respect to enjambment, therefore, the Athens manuscript might be oral, but this feature, unlike formulaic structure, is far from being sufficiently decisive for us to call this manuscript oral. ... This feature as we have said before, is symptomatic, however, rather than decisive because it persists into written poetry.   (*ibid.* 217)

'The running over of the sentence from one line to another' an míniú is simplí a thug Parry (1929: 202, n.8) ar *enjambment*; is é atá i gceist an ceangal comhréire agus/nó céille atá idir línte mar:

> is nuair thiocfaidh chugham abhaile
> Conchubhar beag an cheana
> is Fear Ó Laoghaire an leanbh,
> fiafróid díom go tapaidh
> cár fhágas féin a n-athair,
> neosfad dóibh faoi mhairg
> gur fhágas i gCill na Martar ....
> (Ó Tuama 1960:V)[26]

Tá ceangal mar é, tá *enjambment* i gceist, tuigtear domsa pé scéal é, i níos mó ná leath na línte in 'Caoine Airt Uí Laoire', líon a dhícháileodh é mar chumadóireacht bhéil, dar le Parry/Lord. Ina choinne sin, níl aon cheangal mar é, níl aon *enjambment*, i línte mar:

> chuiris parlús á ghealadh dhom,
> rúmanna á mbreacadh dhom,
> bacús á dheargadh dhom,
> bric á gceapadh dhom,
> rósta ar bhearaibh dhom,
> mairt á leagadh dhom, ...   (*ibid.* II)

Línte iadsan a leanann a chéile gan bhriseadh, gan stad, gan cheangal céille ná comhréire eatarthu: d'fhéadfaí aon cheann de na línte sin a fhágáil ar lár gan bhaint den chéill; 'adding style', 'running style', 'staccato style', 'the strung style', 'stichic style' atá tugtha ag scoláirí difriúla uirthi.[27]

Is le stíl áirithe atáimid ag plé, ní le mód cumadóireachta, mar a d'admhaigh Lord féin (1960: 217); ní leis an chumadóireacht bhéil amháin a bhaineann an stíl seo, ach leis an chumadóireacht liteartha trí chéile, idir chumadóireacht scríofa is chumadóireacht bhéil. Stíl í a fhaightear i litríochtaí difriúla, ó shaothar Homer go saothar na gcantairí Slabhacha san aois seo, ó *Beowulf* sa Sean-Bhéarla go véarsaíocht na Nua-Ghaeilge. I litríocht an Bhéarla, dar le Malone (Baugh 1967: 23-8), is leis an fhilíocht is seanda amháin a bhaineann an stíl, comhartha aoise is ea í; ní mar sin don Ghaeilge, gné leanúnach de stílíocht na Gaeilge í ón fhilíocht is seanda dá bhfuil againn go dtí an véarsaíocht is déanaí a cumadh i nGaeltacht Chorcaí i dtús na haoise seo.

Sa scéal Sean-Ghaeilge *Scéla Mucce Meic Dathó* is sa stíl sin a bheannaíonn Conall do Chet:

> Fochen Cet,
> Cet mac Mágach,
> magen curad,

cride n-ega,
ethre n-ela,
err trén tressa,
trethan ágach,
caín tarb tnúthach,
Cet mac Mágach .... (Thurneysen 1935: §15)

Sa scéal Nua-Ghaeilge *Caithréim Thoirdhealbhaigh*, gríosann Bóirne an slua leis an fháistine seo sa stíl chéanna:

Mairg téid in toisc,
bud turas truag,
bud fíchda in feidm,
bud garb in gleo,
bud bidg don bráth,
samail na sluagh, ... (O'Grady 1924: 105)

In 'Deorchaoineadh na hÉireann', a chum Séamas Carthún, cuireann an t-inseoir síos ar a ainriocht féin mar seo:

Gan bhrí, faraor, atá mo chéadfa,
atá mo spiorad ag dul sna héaga,
atáid mo shúile 'na muir théachta,
is iad mo dheora mo chothú laethúil,
níl in mo bheatha acht anró in éineacht,
tá mo chroí bocht dá réabadh,
is táid mo smaointe do mo ghéarghoin, ...
(DMM: 49 §§1-7)

an stíl chéanna a chleachtaítear sa véarsaíocht dhí-ainm seo:

Mo dhá mhíle tuirse!
agus dob eolach domhsa Doireann,
agus Dáth na súile caime,
agus amadán na cille,
agus Tadhg an rúta bhriste,
agus ba dhíobhsan féin tusa,
agus bhíobhair go léir ar buile!
(Ó Cróinín 1982: 15)

Stíl áirithe chumadóireachta atá i gceist, stíl den iliomad stíl a bhí ar fáil riamh anall sa Ghaeilge ag lucht cumtha na véarsaíochta, idir chumadóirí 'léannta' is 'neamhléannta', idir fhilí aitheantúla is fhilí anaithnid. Ní haon chabhair í an tréith seo

enjambment, más ea, chun mód cumadóireachta
an chaoine, ná aon seánra eile ach oiread, a
shocrú. Is é an scéal céanna é ag dhá thréith eile
a d'áirigh Parry/Lord ar thréithe idirdheal-
aitheacha na cumadóireachta béil.

Dar le Parry go raibh cruinneas meadarachta ar na
difríochtaí a bhí le feiscint idir an file a scríobh a
shaothar agus an cantaire a chum ó bhéal:

> The poet who makes verses at the speed he
> chooses will never be forced to leave a fault
> in his verse, but the Singer, who without
> stopping must follow the stream of formulas,
> will often be driven to make irregular lines.
>
> (Parry 1930: 140)

Níl oiread is líne lochtach meadarachta amháin
in 'Caoine Airt Uí Laoire' ná sna caointe
aitheantúla eile atá tagtha anuas (C , C 1, C 2, C
3, C 18)[28]; dá gcuirfí slat tomhais Parry i
bhfeidhm orthu (is nílimse á áiteamh gur slat
tomhais bhailí sin) chaithfí a ghéilleadh gur filí
'liteartha' a scríobh iad. Dar le Lord go raibh an
mhalartaíocht ar cheann eile de na tréithe a
dhealaigh an chumadóireacht scríofa amach ón
chumadóireacht bhéil. Is in ábhar a cumadh ó
bhéal amháin, dar leis, a fhaightear malairtí
téacsúla: 'We have seen from the Yugoslav
examples that variation, sometimes not great,
sometimes quite considerable, is the rule in oral
composition' (Lord 1960: 203). Pé bunús
eimpíreach a bhí leis an idirdhealú sin Lord, is
léir nach dtagann fianaise na Gaeilge leis. Pé acu
príomhscéal na Sean-Ghaeilge, *Táin Bó Cuailgne*,
atá i gceist nó an scéal Nua-Ghaeilge, *Tóraíocht
Dhiarmada agus Ghráinne;* pé acu an liric cháiliúil
Sean-Ghaeilge 'Sentuinne Béarra' é, 'Mac an
Cheannaí' nó 'Caoine Airt Uí Laoire' atá i gceist,
is i leaganacha difriúla le malairtí téacsúla a
thángadar uile anuas chugainne. Toisc gur mar
théacs socair i nduanairí a thagaimidne ar 'Mac
an Cheannaí', ní léir dúinn gurb é an t-eagarthóir
a chuir an téacs áirithe sin ar fáil; ní léir dúinn go

háirithe nach bhfuil an chéad líne féin socair sna lámhscríbhinní ('aisling faon' atá sna cóipeanna is sine agus i bhformhór na gcóipeanna atá ar marthain) agus nach ionann ord ná líon na véarsaí sna cóipeanna difriúla.[29] Is é an saghas céanna bunábhair, más ea, a chuir an traidisiún ar fáil don eagarthóir a chasfadh le heagrán de 'Mac an Cheannaí' nó 'Caoine Airt Uí Laoire' a chur in eagar. Ní dhéanann an próiseas traidisiúnta seachadta, sa Ghaeilge pé scéal é, aon idirdhealú idir an seachadadh de láimh is an seachadadh ó bhéal; is é an toradh céanna a bhíonn orthu araon: leaganacha is malairtí.[30]

Chomh fada is a bhaineann leis an ábhar Gaeilge trí chéile, ní rómhaith a oireann aon cheann de na príomhthréithe a shamhlaigh Parry/Lord leis an chumadóireacht bhéil; is cinnte nach féidir iad a chur siar ar an ábhar Gaeilge chun idirdhealú a dhéanamh idir an chumadóireacht bhéil is an chumadóireacht scríofa. B'fhéidir nach cúis iontais sin agus a bhfuil d'olldifríocht idir an t-ábhar ar ar bhunaigh Parry/Lord a gcuid taighdesean agus an t-ábhar atá ar fáil sa Ghaeilge chun staidéar a dhéanamh ar an gcaoine. Le 'a thriving tradition of unlettered song' a bhí Lord (1960: 3) ag plé; bhí níos mó ná 12,000 dán ar fáil aige chun staidéar a dhéanamh orthu; seánra cinnte áirithe a bhí i gceist (véarsaíocht eipiciúil) a seachadadh ó bhéal amháin agus a bhí fós á sheachadadh ó ghlúin go glúin le linn do Lord a bheith ag déanamh a chuid taighde. Pé locht is féidir a fháil ar an tslí ar chuir Lord, is go háirithe a dheisceabail, a theoiric i bhfeidhm ar sheánraí is ar litríochtaí eile, ní mór a thuiscint i gcónaí go raibh an buntaighde bunaithe ar eolas cruinn cuimsitheach i dtaobh an tseánra a bhí i gceist. Ní hamháin sin, ach ina chuid saothair ar fad leag sé prionsabal tábhachtach modheolaíochta síos:

a comprehension of oral poetry could only come from an intimate knowledge of the way in which it was produced; that a theory of composition must be based not on another theory but on the facts of the practise of the poetry. (Lord 1960: ii)

Is iad na 'facts' sin atá in easnamh ar fad orainne agus sinn ag plé le 'Caoine Airt Uí Laoire', cé nach gceapfá sin ar chuid mhaith den tráchtaireacht. Ach dá údarásaí atá ráite ag na tráchtairí trí chéile go raibh dlúthbhaint ag an gcaoine le riotuál na caointeoireachta agus dá leanúnaí a chuirid an comhthéacs áirithe sin siar ar an ábhar, níl aon fhianaise ar fáil a chuirfeadh lena n-áiteamh. Níor chuala éinne, go bhfios dúinn, 'Caoine Airt Uí Laoire', ná aon chaoine eile mar é, á rá ag tórramh:

> The only lament texts available for transcription or recording were performed *outside* funeral ritual. (Bourke 1993:177 n.10)

> There is no example known to me of a keen being faithfully recorded in the original Irish at an actual wake. (Ó Coileáin 1988: 104)

Fágann an easpa fianaise sin nach bhfuil sé bailí nóisean an *performance* a thagairt do 'Caoine Airt Uí Laoire' ná do sheánra an chaoine trí chéile, óir níl aon bhrí leis an nóisean ach i láthair comhluadair bheo: ní hann don *performance* nach bhfaca is nár chuala éinne; mar a deir Zumthor (1990: 43), 'performance is present'. Agus cé go bhfuil eolas áirithe againn i dtaobh an tseachadta a rinneadh ar an dán, tá bearna bhunúsach dholíonta inár gcuid eolais maidir leis an chéad chéim sa phróiseas seachadta. Is í an chéad chéim sin, dar le Ó Coileáin (1988: 104), 'which ought to be our principal concern: the moment of composition and delivery', ach nóiméad é sin nach bhfuil teacht againne air; bearna inár gcuid eolais is ea é, bearna a bhaineann le filíocht an ochtú haois déag trí chéile. Mar, cuma cén dán a thógaimid de chuid na haoise sin, dán le file aitheantúil nó le file anaithnid, dán léannta nó dán pobalda, dán grá, aisling pholaitiúil, laoi fiannaíochta nó caoine, tá an bhearna chéanna eolais i gceist i ngach cás: nach eol dúinn, i gcás aon dáin acu, pé acu 'Gile na Gile' nó 'Caoine Airt Uí Laoire' é, nach eol dúinn cén comhthéacs sóisialta ina bhfacthas/inar chualathas an dán den chéad uair. Is deacair glacadh le ráiteas údarásach Uí Choileáin, más ea, gurbh é an nóiméad sin 'the only occasion when the poem can be said to have had any real existence', mar ní hamháin nach bhfuil aon eolas againne i dtaobh na hócáide sin, ach gurb eol dúinn go raibh an-mheas ar an dán ina dhiaidh sin agus go raibh tóir air: bhí eiseadh aige, mar dhán, is cosúil.[31] Dán é a bhfuil eiseadh fós aige, dar liomsa pé scéal é, sa tslí chéanna a bhfuil eiseadh ag 'Mac an Cheannaí', 'An Bonnán Buí', 'Im Aonar Seal', 'Dónall Óg', 'Gile mo Chroí' nó aon dán eile de chuid an ochtú haois déag a thaitníonn liom is a thugann sásamh dom - is iad á *léamh* agam arís is arís eile. Chomh fada linne agus ár dtadhallna le filíocht na haoise sin, is i bhfad i ndiaidh a cumtha a thagaimidne uirthi, de ghnáth, agus is sa chomhthéacs céanna is túisce a thagaimidne uirthi trí chéile: i lámhscríbhinní.

Toisc an tábhacht atá bronnta ag tráchtairí difriúla ar 'Caoine Airt Uí Laoire', idir thábhacht stairiúil is tábhacht aeistéitiúil, tá neamhshuim nó beag is fiú déanta de shamplaí eile den seánra, dá shuimiúla iad. Níl aon eagrán sásúil againn fós de 'Caoine Sir Séamas Óg Mac Coitir' (C), mar shampla; níl 'Caoine Thoirdhealbhaigh Uí Bhriain' (C 1), tugtha faoi deara fiú, ní áirím é a bheith curtha in eagar; níl aon trácht déanta ar 'Caoine Mhíchíl Uí Shé' (C 2), go bhfios dom, cé gur dhírigh Ó Cuív aird air chomh fada siar le 1953; níl aon trácht déanta, ach oiread, ar 'Caoine Mhic Fínín Duibh' (C 18). Tá na caointe sin an-suimiúil iontu féin, ceann níos suimiúla ná a chéile, ach b'fhéidir gur suimiúla is gur tábhachtaí fós an comhthéacs ina bhfaightear anois iad:

(i) I lámhscríbhinn (HM 4543: 187), agus sa lámhscríbhinn sin amháin, a thagtar inniu ar 'Caoine Thoirdhealbhaigh Uí Bhriain' (C 1), lámhscríbhinn a scríobh an scríobhaí Tadhg Ó Conaill sa bhliain 1827. Cnuasach cuimsitheach d'fhilíocht na Nua-Ghaeilge atá inti, idir shaothar fhilí aitheantúla na Mumhan, laoithe fiannaíochta agus véarsaíocht shiollach nó, mar adeir an scríobhaí féin *Bolg an tSaláthair nó Measgán Gaoidhilge ionna bhfuil tiomsúghadh toghtha do neithibh tádhbhachdachadh ó fhilídhibh ró dhéarsgnaithe* .... Sna leathanaigh díreach roimh an mhír seo sa lámhscríbhinn tá 'An Síogaí Rómhánach' mar aon le dánta le Seán Ó Tuama, Tomás Ó Gliasáin, Dónall na Tuile Mac Cárthaigh, Aogán Ó Rathaille, Aodh Buí Mac Cruitín; sna leathanaigh ina diaidh tá 'Feartlaoi Alasdruim mic Colla Chiotach' agus dánta le Seán Clárach Mac Dónaill, Seán Ó Tuama, Uilliam Inglis, Muiris Ó Gríofa, an tAth. Tomás Boiléar.[32]

(ii) I lámhscríbhinn (MN M 9: 345), agus sa lámhscríbhinn sin amháin, a thagtar inniu ar 'Caoine Sir Séamas Óg Mac Coitir' (C), lámhscríbhinn a scríobh an scríobhaí Seán Ó Muláin timpeall na bliana 1818. Cnuasach cuimsitheach ('An tAbhránuighe' atá mar theideal ar an lámhscríbhinn féin) d'fhilíocht na Mumhan atá sa lámhscríbhinn, cnuasach a chuimsíonn saothar na bhfilí aitheantúla trí chéile, go háirithe saothar fhilí Chorcaí, ábhar cráifeach, laoithe fiannaíochta, beagán den véarsaíocht shiollach. Roimh an mhír seo sa lámhscríbhinn tá 'tuireamh' ar an té céanna, i meadaracht an *ochtfhoclaigh (Aisling do chuala ar maidin do bhuair mé)* a leagtar ar an údar anaithnid céanna - 'a bhanaltra'. I ndiaidh na míre tá tuireamh le Séafra Ó Donnchadha agus dán cráifeach le Seán Ó Murchú na Ráithíneach. Féach Walsh (1943: 82-98).

(iii) I lámhscríbhinn (MN M 14: 381), agus sa lámhscríbhinn sin amháin inniu, a fhaightear an caoine (C 18) a rinneadh ar Mhac Fínín Duibh.[35] An scríobhaí Seán Ó Muláin a scríobh an chuid seo den lámhscríbhinn roimh 1820 (Pól Ó Longáin agus an tAth. Dónall Ó Súilleabháin a scríobh an chuid eile di). Roimh an mhír seo sa lámhscríbhinn tá dánta le Aodh Buí Mac Cruitín, Seán Clárach Mac Dónaill, Séafra Ó Donnchadha, Seán na Ráithíneach, Eoghan Rua Ó Súilleabháin is filí eile; ina diaidh sa lámhscríbhinn tá dánta le Dáibhí Ó Bruadair, Uilliam Inglis, Eoghan an Mhéirín Mac Cárthaigh, Aindrias Mac Cruitín agus saothar eile le mionfhilí is le filí anaithnid. Féach Ó Fiannachta (1965: 31-40).

(iv) I lámhscríbhinn (NLI G 95: 85), agus sa lámhscríbhinn sin amháin, a fhaightear 'Caoine Mhíchíl Uí Shé' (C 2) inniu, lámhscríbhinn a scríobh an scríobhaí mórchlú Mícheál Óg Ó Longáin c. 1830. 'Bolg an tSoláthair' atá sa lámhscríbhinn, cnuasach cuimsitheach de phrós is d'fhilíocht na Nua-Ghaeilge, cnuasach atá ionadach go maith de shaothar an scríobhaí. Roimh an mhír seo sa lámhscríbhinn tá, *inter alia*, tuireamh ar Dhonncha Mac Cárthaigh, amhrán le Mícheál Ó Longáin, ábhar cráifeach; ina diaidh tá litir ó Dhonncha Ó Floinn, dán le Aogán Ó Rathaille, *materia medica*. Féach Ní Shéaghdha (1976: 52-64).

Fianaise thábhachtach í sin, dar liom, fianaise nach féidir neamhshuim a dhéanamh di. Agus cé gur LSS déanacha atá i gceist, ní bhaineann sin den tátal a léiríonn siad: gur de láimh, i gcomhthéacs liteartha, a seachadadh na caointe áirithe sin. Ní fíor, mar sin, an tuiscint choiteann, arbh é Murphy (1939: 48) is túisce a chuir chun cinn í, gurbh é a bhí sa chaoine 'a stream of oral tradition ... neglected by the learned custodians of the manuscript tradition'. Ní heol dúinn anois, cheal fianaise, an de láimh amháin a seachadadh na caointe sin atá luaite thuas agam nó cén bhunfhoinse faoi leith a bhí ag na scríobhaithe a chuir ar phár iad. Agus cé gur ó bhéal amháin, chomh fada agus is eol dúinn anois, a seachadadh caointe eile - 'Caoine Dhiarmada Mhic Eoghain na Toinne' (C 3) nó 'Caoine Sheáin Uí Thuama' (C 14), mar shampla - tá le baint as an fhianaise trí chéile agus as na samplaí uile den chaoine a tháinig anuas, gur seachadadh an seánra trí chéile mar a seachadadh cuid mhaith d'fhilíocht an ochtú haois déag: ó bhéal agus de láimh in éineacht.[34] Sin mar a seachadadh 'Caoine Airt Uí Laoire' féin. Ní mór ná go bhfuil dearmadta faoi seo, is cinnte nach bhfuil aon aird dírithe air sa tráchtaireacht, gur i lámhscríbhinní a seachadadh na príomhleaganacha den chaoine sin. Is lámhscríbhinní agus is scríobhaithe déanacha iad, gan amhras, agus is eol dúinn gur ó bhéalaithris Nóra Ní Shindile, bean chaointe cháiliúil, a tógadh síos dhá leagan acu (C 4, C 5). Ach is eol dúinn freisin nach i gcomhthéacs na caointeoireachta ná i láthair aon tórraimh a d'aithris sí iad ach mar chuid dá *reportoire*; agus is eol dúinn gur i dteannta 'Aiste Phiarais Cúndúin' i lámhscríbhinn a scríobh an tAth. Dónall Ó Súilleabháin a seachadadh leagan eile (C 10) agus gur i lámhscríbhinn le scríobhaí anaithnid a scríobhadh leagan eile fós (C 11). Tá áitithe ag scoláirí áirithe gurb é an modh seachadta an t-aon chritéar amháin a dhealaíonn an chumadóireacht bhéil ón chumadóireacht scríofa:

A literature circulated and handed down without the aid of writing is oral.
(Opland 1971: 161)

The borderline between them can at times be hazy, but the guiding criterion for differentiation is quite clear: the means of transmission. (Buchan 1972: 271)

> A general poetics of orality is lacking, one that will ... offer functional notions applicable to the phenomenon of the transmission of poetry by voice and memory, to the exclusion of all other media ... characteristics that define text reception in the total absence of written intervention .... (Zumthor 1990: 3-4)

Ach más fíor go bhfeidhmíonn an critéar sin i gcultúir áirithe, ní hamhlaidh i gcás na Gaeilge. Fágann sin, mar is léir, nach féidir an t-idirdhealú is neamhchas fiú a dhéantar uaireanta idir an chumadóireacht bhéil is an chumadóireacht scríofa - an modh seachadta - nach féidir an t-idirdhealú sin féin a chur i bhfeidhm ar an gcaoine.

Ní mór, dá réir sin uile, dar liom, diúltú don áiteamh atá déanta chomh fórsúil, chomh húdarásach sin ag Ó Coileáin (1988: 1, 97) gur 'oral genre' é an caoine. Ní thuigimse, is ní léir dom, cén bonn - bonn teoiriciúil nó bonn feidhmiúil - ar ar féidir áiteamh mar sin a dhéanamh; is lú ná sin a thuigim conas is gá nó is féidir na heilimintí seachliteartha sin a luaigh an Coileánach ('The initial murmuring, the choral howl ..., the silence ..., general carry on ...'), conas is féidir iadsan a chur ar ais sa téacs. Ní léir dom go bhfuil fianaise dá laghad ann a chuirfeadh ina luí orm go rabhadar sa téacs áirithe sin ná i seánra an chaoine trí chéile riamh, faoi mar nach bhfuil fianaise dá laghad ann a chuirfeadh ina luí orm gur gá gáir na gcon, scréach na heilite, an dord féinne a chur ar ais in aon laoi fiannaíochta. Is é an comhthéacs atá leagtha síos ag na tráchtairí trí chéile, comhthéacs na caointeoireachta, faoi deara an mhíthuiscint is an mearbhall agus is é an comhthéacs sin nach mór a cheistiú. Mar más é sin an comhthéacs cuí, tá ceist bhunúsach le freagairt: ó bhí an chaointeoireacht á cleachtadh ó cheann ceann na tíre, sa naoú haois déag féin, conas, mar sin, nach dtagtar ar an gcaoine choíche i gcúige Chonnacht ná i gcúige Uladh?

An míniú atá agam féin ar an bhfeiniméan sin go bhfuil an caoine le háireamh ar na seánraí fhilíochta (an aisling pholaitiúíl agus an barántas dhá cheann eile acu) a tháinig chun cinn san ochtú haois déag agus a saothraíodh go príomha is go háirithe i gcúige Mumhan.

I véarsaíocht na Gaeilge trí chéile, sa véarsaíocht shiollach agus sa véarsaíocht aiceanta, tá seánraí áirithe ar féidir seánraí 'ócáidiúla' a thabhairt orthu, dánta a cumadh i gcomhair ócáidí áirithe - breith, pósadh, bás, mar shampla. Sa 'duain leanbaíochta' cuirtear fáilte roimh an leanbh óg, sa 'duain pósta' guítear rath is séan ar an lánú atá ag pósadh, sa mharbhna caointear an té atá marbh. Mar is léir, tá coibhneas nó ceangal idir an seánra agus ócáid chinnte ach ní fhágann sin gur le linn na n-ócáidí sin a bhfuiltear ag cur síos orthu a cumadh aon dán acu: ní móide gur le linn do Dhonncha Mac Cárthaigh a bheith ag teacht ar an saol a chum Diarmaid Mac Cárthaigh a dhuain leanbaíochta dó (Ó Donnchadha 1916: 3), ná ní móide gur le linn do Eileanóir de Búrc agus Oilifear Stíbhin a bheith ag luascadh i lúb an ghrá a scríobh/a dúirt Ó Bruadair 'píosaim pósaim iad re aroile' sa duain pósta a chum sé dóibh (DÓB ii: 12 § iii). Tá seánraí eile ann agus is léir go bhfuil ceangal nó coibhneas mar é acu le gníomhaíocht chinnte dhaonna éigin, go bhfuil an ghníomhaíocht sin mar chúlra sóisialta acu: an laoi fiannaíochta agus an tseilg, an aisling agus an taibhreamh, an barántas agus an chúirt dlí. Is é an coibhneas céanna sin atá idir an caoine agus an chaointeoireacht: is í an chaointeoireacht an ghníomhaíocht shóisialta atá laistiar den chaoine. Agus faoi mar nach gá a bheith ag seilg chun laoi fiannaíochta a chumadh, ná a bheith i láthair ag breith linbh chun 'duain leanbaíochta' a chumadh, ní gá a bheith i láthair ag tórramh ná ag caointeoireacht chun tuireamh nó caoine a chumadh. Sa tslí chéanna ar féidir, agus ar gá, idirdhealú iomlán a dhéanamh idir an seánra liteartha is laoi fiannaíochta ann agus an caitheamh aimsire is seilg ann, ní mór, mar an gcéanna, idirdhealú a dhéanamh idir an caoine agus an chaointeoireacht: seánra liteartha is ea an caoine, riotuál poiblí is ea - dob ea - an chaointeoireacht. Agus faoi mar a tharraing an barántas liteartha as béarlagair agus as gothaí na cúirte, tharraing an caoine as béarlagair agus as gothaí na caointeoireachta. B'fhéidir go míníonn sin gur ar mhná amháin a leagtar na caointe, mná anaithnid, gan stádas de ghnáth; mná nach leagtar aon fhilíocht eile orthu. Eisceacht í Eibhlín Dubh sa mhéid gur bhean uasal aitheantúil í, murab ionann is na mná eile a leagtar na caointe orthu, ach ise féin is file í 'nár labhair ach an t-aon uair amháin' (Ó Cróinín 1962: 31).[35] Gan amhras ní dhearna Deirdre nó Créidhe nó Gráinne ach an t-aon chaoine amháin freisin, caoine ar a n-aonsearc, agus rinneadar sin i suíomh áirithe cinnte: os cionn an fhir mhairbh. Is é an suíomh céanna atá ag 'Caoine Airt Uí Laoire'. Suíomh é atá leagtha síos, ní ag riotuál na caointeoireachta ach ag coinbhinsin liteartha na Gaeilge, faoi mar atá suíomh cinnte leagtha síos ag na coinbhinsin chéanna don laoi fiannaíochta nó don aisling. Suíomh liteartha is ea é; sa litríocht, agus sa litríocht amháin, a thagtar ar an suíomh sin; comhthéacs liteartha - traidisiún liteartha na Gaeilge - a chomhthéacs cuí. Sin é an comhthéacs a luaigh Ó Súilleabháin freisin; dar leis gur 'filíocht liteartha' (1961: 113) a bhí in 'Caoine Airt Uí Laoire', ceapadóireacht a bhí difriúil leis an chaointeoireacht toisc nach 'os cionn an mhairbh ... ach uair éigin eile i ndiaidh bhás don duine a bhí á chaoineadh' a cumadh é. Áiteamh agus idirdhealú mar sin a rinne Ross freisin, ag tagairt don chaoine i nGaeilge na hAlban:

> Another type name which has a functional implication is 'keen'. Where it has appeared in discussion of sub-literary poetry it seems to

have been used to denote both a poetic type and a ritual. A close connection is assumed between the ritual of bewailing the dead and a certain type of elegiac poetry.[36] This connection is not by any means obvious especially in so far as Scottish Gaelic is concerned. There are numerous laments in the Scottish Gaelic tradition but no evidence to prove that any one of them at any time constituted the spoken or song content of a keening ritual. (Ross 1955: 5)

Gné shuntasach den tráchtaireacht atá déanta ar an gcaoine is an chaointeoireacht le deich mbliana fichead anuas an neamhshuim atá déanta de thuairimí Uí Shúilleabháin is Ross, scoláirí cáiréiseacha eolgaiseacha a bhí umhal i láthair na fianaise. Umhlaíocht de shaghas eile a éilíonn an ortadocsacht - umhlaíocht don aon tuairim, don aon ghuth.

III

The analogy with the *Keen for Art O'Leary* is so close that one could almost reconstruct the original Irish, in the *rosc* metre used by Eileen Dubh.   (Bromwich 1945: 241)

Rosc a ghlaotar ar aiste filíochta a bhíonn ar aon déanamh leis an gcaoineadh seo Eibhlín Duibh. Is dócha gurb é gné filíochta is sine sa Ghaeilge é agus tá sé sa litríocht againn le míle bliain.   (Ó Cróinín 1949: 41)

Rosc a thugtar anois ar an bhfoirm faoi leith véarsaíochta a úsáideadh na mná caointe ... Is dealraitheach gur foirm ghaolmhar den sórt seo a bhí ar an bhfilíocht is luaithe ar fad a bhfuil tuairisc uirthi in Éirinn ....
                    (Ó Tuama 1961: 22)

Even though it is not in the *rosc* metre usually associated with keening ....
                    (Ó Madagáin 1981: 315)

The term 'lament' will here be taken to refer to the oral *caoineadh* or keen in *rosc* metre.
                    (Ó Coileáin 1988: 97)

Cé gur léir gur tuairim sheanbhunaithe mharthanach í gur *rosc* is ainm do mheadaracht 'Caoine Airt Uí Laoire' - agus do mheadaracht an chaoine - is deacair teacht ar bhunfhoinse na tuairime earráidí seo. Is fiú a thabhairt faoi deara nár úsáid Bergin, an scoláire Gaeilge is túisce a chuir 'Caoine Airt Uí Laoire' in eagar (1896), ná Gerard Murphy, a rinne tagairtí iomadúla don dán ina shaothar scolártha (1939: 48, 1948: 2-10), nár úsáid ceachtar acu an téarma *rosc* ina leith; beirt iad, ba dhóigh leat, a d'aithneodh *rosc* dá gcasfaí orthu é. Chomh fada agus is féidir liom a dhéanamh amach is é Tadhg Ó Donnchadha (Torna), sa lámhleabhar véars-aíochta a scríobh sé (1925), is túisce a thug *rosc* d'ainm ar mheadaracht 'Caoine Airt Uí Laoire' agus a leag síos a rialacha:

ROSG. Filíocht 'na sreathanaibh de línte gearra (dhá chéim nó trí); Ailt i n-ionad ceathrún ann; gan aon uimhir áirithe línte dhon Alt; an Guta céadna Méidreachta fén Aiceann san Chéim dheiridh ar gach líne dhen Alt. ... Bhíodh an Rosg ana choitianta ag Mná Caointeacháin fad ó. Saghas anasheannda iseadh é, mar gheibhtear a mhaca samhla san Litríocht is sine san Ghaedhilg.

(Ó Donnchadha 1925: 43-4)

Sin é an t-ainm agus na rialacha atá á samhlú leis an mheadaracht sin ó shin; ní heol dom gur cuireadh a mhalairt de thuairim ná de chuntas ar fáil ná gur ceistíodh riamh cruinneas, bailíocht ná údarás an chuntais sin Thorna.

Is mó tráchtas meadarachta a scríobhadh sa Ghaeilge, tráchtais a leagann síos agus a phléann rialacha, ornáidí agus meadarachtaí na prosóide dúchais.[37] Níl trácht in aon cheann acu, pé acu in aimsir na Sean-Ghaeilge, na Meán-Ghaeilge nó na Nua-Ghaeilge a scríobhadh iad, ar mheadaracht den ainm *rosc*: má bhí meadaracht den ainm sin sa Ghaeilge is gan fhios don aos léinn riamh anall é. Fiú sna tráchtais is déanaí a scríobhadh, saothar a thráchtann ar 'De vulgari versu & compositione' (O Molloy 1677: 236), 'of the common verse or Abhran' (Lhuyd 1707: 309), tráchtais a luann an *caoine* go háirithe mar sholaoid den véarsaíocht sin, níl lua dá laghad ar *rosc* iontu. Is é bun agus barr an scéil é nach raibh *rosc* mar ainm meadarachta riamh i litríocht na Gaeilge.

Tá, gan amhras, an téarma *rosc* ann agus tá tagairtí iomadúla le fáil dó sa litríocht trí chéile, idir shean agus nua. Tagtar ar an téarma i gceithre chomhthéacs d'áirithe:

(i) i bhfoclóirí agus i ngluaiseanna mar a gceanglaítear an téarma le téarmaí ceapadóireachta eile mar 'laoi' nó 'duan' nó 'dréacht' nó 'briathra': *itbert an rosg = rabert no briathra; dichetal for otrach .i. adhbhal-cantain le rosg nó orrtha; dréchta .i. duana nó laídhe ⁊ roscada; laídh, nó roscadh nó rithlearg* (DIL *s.v.*).

(ii) mar nod (r.) ar imill na leathanach sna lámhscríbhinní Gaeilge is sine dá bhfuil againn (LL, LU), á chur in iúl gur *rosc* nó *roscadh* is ea an sliocht a leanann. Cuimsíonn na sleachta sin a dtugtar *rosc* orthu saghsanna difriúla ceapadóireachta: véarsaíocht rithimeach neamhrímeach uamach, prós rithimeach uamach, véarsaíocht shiollach uamach neamhrímeach;[38] de réir *Lebor na hUidre*, *rosc* is ea gach ceann acu seo:

> Fó mo cherd láechdachta,
> benaim béimend ágmara,
> for slóg síabra sorchaidi ....
> (LU: 6169-71)

> Cotombertsa brú sóer
> sruith dim chlaind comceneoil,
> cinsiu di churp ríg sceó rígnai ....
> (*ibid.* 8280-2)

> Alid in fer,
> concerta do chách,
> mac Dairi dúir,
> caemroth Cú Roí ....   (*ibid.* 8475-8)[39]

(iii) mar theideal ar aistí difriúla liteartha, idir phrós agus fhilíocht. Prós atá in 'Rosc Mo-Cholmóg Moccu', véarsaíocht is ea 'Roscada Flaind Fhína', a dtugtar 'Briathra Flaind Fhína' air freisin; laoithe fiannaíochta is ea 'Rosg Goill mhic Mórna' agus 'Rosg Osguir' i meadarachtaí siollacha difriúla.[40]

(iv) i scéalta próis na Gaeilge. Gné choiteann de litríocht phróis na Gaeilge is ea véarsaíocht eadarlúideach, sleachta véarsaíochta a thugtar isteach sna scéalta le foirmle éigin. In *Táin Bó Cuailgne*, mar shampla, sna leaganacha difriúla de a tháinig anuas, is iad na foirmlí a úsáidtear, agus an véarsaíocht á seoladh sa téacs, briathra mar 'dúirt' nó 'chan', gan aon chuspóir:

> conid ann asbert: ... ,
> asbert Medb: ... ,
> Medb dixit: ... ,
> Atbert Cú Chulainn: ... ,
> is edh forcanaid: ... [41]

nó na briathra céanna agus ainmfhocail mar 'laoi', nó 'rann', nó 'briathra', nó 'rosg' mar chuspóir acu:

> cachain Fergus in laíd so síos: ... ,
> do rigni in laíd: ... ,
> ra ráid in laíd: ... ,
> dorigni rand: ... ,
> adubhairt Cú Chulainn in rann: ... ,
> it-bert na briatra so: ... ,
> it-bert an rosg: .... [42]

Is iad na foirmlí céanna a chleachtaítear sna scéalta Nua-Ghaeilge. In *Caithréim Thoirdheal-bhaigh*, a scríobhadh sa cheathrú haois déag, is iad na foirmlí a úsáidtear, chun an véarsaíocht a thabhairt isteach, abairtí mar:

> do rigne in file na rannasa: ...
> atbertatar ... na briathra so: ...
> adubairt in file na focail so: ...
> mar adubairt in t-ugdar ... in laídsi: ...
> ro chan in t-áirdrí na haithesca so: ....
>   (O'Grady 1924: 10, 13, 14, 47, 62)

ach faightear faoi dhó sa téacs an téarma *rosc/roscadh*:[43]

> go ndubhairt in rosc so:
> Truag in teidm,
> táinic tiar,
> rug bás borb,
> taísech tenn,
> dainimh dam,
> Donnchadh donn,
> conn is ciall,
> crú mo choirp,
> craobh dom chéill,
> in teidm truag ....   (*ibid.* 28)

agus adubhairt in rosgadh agá rádh:
Mithidh do chách cathchomérgi,
indsaighidh cath cianainignech,
cródha cloidmech cosgardergdlúith,
échtach armderg aignedhgarbthenn ....
(*ibid.* 106)

Sa leagan Nua-Ghaeilge de *Cath Maige
Mucraimhe*, a bhfaightear an iliomad cóip de i
lámhscríbhinní an tseachtú is an ochtú haois
déag, is iad na foirmlí a mbaintear úsáid astu,
agus an véarsaíocht á cur i láthair, *ríghfhleasg* (aon
uair amháin), *laoi* (an-mhinic), agus, beagnach
chomh minic céanna, *rosg(a)*:

agus adubhairt an rosg:
Is baoth béimeanna an bhorb-churadh,
tug brón báis dom bhráithribhse,
is saoth mo chroidhe ón churadh-bhéim,
gé bhias Sadhbh i sámh-chodladh ....
(Ó Dúnlainge 1908 v: 31)

agus adubhairt an rosga;
'Duibhmearcon sin', ar sé,
'doirbh díoghair, díth dianlong,
tarbh treas-bhorb, neart neamh-mheirbh,
feidhm fogus, fraoch foirtil .... (*ibid.* vi: 75)

agus adubhairt an rosga:
'Moghachorb sin', ar sé,
measgadh mál maoidhfeach magh,
tulchar tréan treas-bhorb tric,
leagadh laoch laomdha lonn ....
(*ibid.* vi: 76)[44]

Sa scéal rómánsaíochta *Tóraigheacht Taise
Taoibhghile*, a cumadh chomh déanach leis an séú
nó an seachtú haois déag, is iad na lipéid is
gnáthaí a úsáidtear mar mhíniú ar an véarsaíocht,
na téarmaí gnácha *laoi, aircheadal, ranna, duain* ach
úsáidtear chomh maith na téarmaí *rosg* agus
riotharg:

do-rinne an rosg ann, co nd-ébheart:
Tláthaighthear bhur dtréan-mheanma,
mínighthear bhur mór-aigneadh,
íslighthear bhur n-ard-uabhar,

laghdaighthear bhur lán-mhiosgais,
faíllighthear bhur bhfuathmhaireacht ....
(Ní Mhuirgheasa 1954: 100)

do-rinne an riotharg do laoidheadh ₇ do lán-
ghreasacht Oisín:
Luathaigh ar do luath-bhuillibh,
a Oisín fhéil iolbhuadhaigh,
a fhlaith na bhFian bhfiodh-dána,
a mheic aobhdha aithreamhail ....
(*ibid.* 210)

do ráidh an riotharg sa ... an tan sin:
"A Mhic Lughach laoch-arnaidh,
a thriath talchar troigh-éasgaidh,
a bheithir bhailc bhéimionnach,
a nathair nuadh neart-chalma .... (*ibid.* 261)

Tagann fianaise na Nua-Ghaeilge leis an fhianaise is sine dá bhfuil againn: mar shaghas áirithe ceapadóireachta, ar nós *laoi* nó *duan* nó *aitheasc* a chuirtear *rosc* in ócáid i gcónaí. Ní foirm mheadarachta a bhí riamh i gceist ach stíl áirithe nó seánra áirithe.[45] Agus muna gcuirimid san áireamh ach a bhfuil de shamplaí de *rosc(adh)* sna scéalta próis Nua-Ghaeilge, na samplaí atá tugtha thuas mar shampla, chífear gur véarsaíocht shiollach is mó atá i gceist, cé go gcuimsíonn sí meadarachtaí difriúla, ó línte tríshiollacha (*Truagh in teidhm* ...) go línte ochtsiollacha (*Mithid do chách cath chomérgi*, ...). Ach is í an ghné is suaithinsí sna samplaí sin trí chéile an uaim - ornáid mheadarachta atá in easnamh ar fad ar 'Caoine Airt Uí Laoire'. Chífear freisin gurb í gné mheadarachta is mó atá in easnamh sna samplaí sin an rím, an ghné idirdhealaitheach ar a bhfuil meadaracht 'Caoine Airt Uí Laoire' bunaithe. Ach muran *rosc* is ainm dá mheadarachtsan cén saghas meadarachta atá i gceist, cén t-ainm is ceart a thabhairt uirthi? Ní hansa.

Níl ach trí chineál véarsaíochta le haithint i bprosóid dúchais na Gaeilge: (a) véarsaíocht uamach, (b) véarsaíocht shiollach, (c) véarsaíocht aiceanta. Tá an rangú sin bunaithe ar na tréithe idirdhealaitheacha feidhmiúla; níl le tuiscint as nach bhfuil tréithe eile i gceist nó nach bhféadfadh tréithe eile a bheith ag gach cineál faoi leith. Faightear uaim, mar shampla, - mar ornáid - sa véarsaíocht shiollach agus sa véarsaíocht aiceanta, ach ní tréith fheidhmiúil acu í; féadfaidh gach cineál véarsaíochta acu a bheith rithimeach, ach ní hí an rithim a dhealaíonn ceann acu óna chéile. Is léir freisin go raibh - ó thús ama - meadarachtaí ann a chuimsigh dhá shaghas ceapadóireachta in éineacht. Is mó dán Sean-Ghaeilge atá uamach agus siollach; meascán de véarsaíocht shiollach agus véarsaíocht aiceanta is ea an mheadaracht 'trí rainn agus amhrán'; sna crosántachtaí a chum Dáibhí Ó Bruadair úsáideann sé véarsaíocht uamach, véarsaíocht shiollach agus véarsaíocht aiceanta; faightear an meascán céanna i ndán le Seán Ó Neachtain.[46]

Tá an véarsaíocht uamach le háireamh ar an cheapadóireacht fhileata is luaithe sa Ghaeilge. Sna samplaí seo, a cumadh cinnte roimh 800 a.d., tugtar faoi deara nach bhfuil rím ná rialtacht siollaí i gceist ach uaim, idir uaim inmheánach, uaim cheangail idirlíneach agus uaim idir focail aiceanta is focail neamhaiceanta:

> Ma be rí rofesser
> recht flatho,
> fothuth iar miad,
> mesbada slóg,
> sabaid cuirmthige,
> cuir mescae ....   (Binchy 1971: 156)[47]

> Ma théisi co rríg,
> reisi co Feradach,
> Find Fechtnach,
> fo, béu,
> bith sírfhlaithech,
> suidiu lánfhlatho ....   (Kelly 1976: §3)

> Ara-caun Coire Sofhis,
> sernar dliged cach dáno

dia moiget moín
móras cach ceird coitchiunn
con-utaing duine dán .... (Breatnach 1981: §2)

Is i meadarachtaí siollacha a cumadh formhór
mór na véarsaíochta Gaeilge idir c. 600 agus c.
1600. Agus cé go raibh tréithe meadarachta eile i
gceist, go háirithe sa tréimhse dhéanach (c.
1200-), agus an iliomad meadaracht, fós is é an
bunphrionsabal cumadóireachta ar a bhfuil an
véarsaíocht trí chéile bunaithe agus an tréith
idirdhealaitheach a bhaineann léi, rialtacht siollaí:
líon cinnte siollaí a bheith sa líne agus líon
cinnte siollaí a bheith i bhfocal deireanach gach
líne. Féadfaidh líon na siollaí sa líne a bheith
chomh híseal le dó is chomh hard le deich:

Bran finn,
  fí drong,
derg rinn,
  rí glonn ....   (Murphy 1961: 59 §41)

A gilla léochaill Lecaig Mo Laise,
  a leca cuirre garbglaise grían,
a sheiche chorcra, a chac ar másaibh,
  a reithe folta fásaigh ar fiad ....
            (*ibid.* 49 §8)[48]

Focail aonsiollacha, dhéshiollacha, thríshiollacha
nó cheathairshiollacha a bhíonn i bhfocail
dheiridh na línte:

Clocán binn
  benar i n-aidchi gaíthe ....   (*ibid.* 55 §26)

Is caingen,
  bith frisin les n-imdaingen .... (*ibid.* 68 §71)

A meic Fhlannacáin Uí Chellaig,
  a rí in tíre taicedbennaig .... (*ibid.* 69 §75)

Ó dheireadh an tséú haois déag ar aghaidh
tagann saghas nua véarsaíochta chun cinn sa
Ghaeilge agus is inti a cumadh formhór mór na
filíochta Gaeilge sa tréimhse c.1600 - c.1900. Is
ar phatrún rialta de ghutaí aiceanta[49] atá an
chumadóireacht seo bunaithe agus is iad na

samplaí is luaithe den véarsaíocht nua a dtagtar orthu, dánta le triúr d'fhilí aitheantúla an dána dhírigh, Aonghus Dubh Ó Dálaigh, Tadhg Dall Ó hUiginn agus Flann Mac Craith:

Scéal táscmhar do ráinig fá chríochaibh Fáil,
— / á   v   v/á v v/í   v á/
(Mac Airt 1944: 41 §1)

Searc mná Ír dhuit, Aoidh, ná léig i bhfaill
/a   v/ í v / í   v /é v a/
(Knott 1920: 35 §1)

Géaga gasta is méara fada séimhe seada
/é v a v / é v   a v /é v   a v/
somplaitheach
/ó   v v/
(DÓB iii: 12 §§ v)

Mar a léiríonn na samplaí sin féin bhí an-scóip, ó thaobh líon na dtroithe, líon na ngutaí aiceanta agus struchtúr rithimeach na líne, sna meadarachtaí seo agus bhain filí na Nua-Ghaeilge lánearraíocht as an scóip sin gur chuaigh leathnú is dibhéirsiú taibhseach ar na meadarachtaí aiceanta sa seachtú is san ochtú haois déag. Cé nach bhfuil fós aon tuarascáil chuimsitheach údarásach déanta ar na meadarachtaí aiceanta, is féidir, dar liom, ceithre fho-roinn a aithint: (a) meadarachtaí strófacha, (b) an t-ochtfhoclach, (c) an t-amhrán, (d) an caoineadh.

Is ar aonaid difriúla de línte rímeacha (laistigh den véarsa) atá na meadarachtaí strófacha bunaithe. Sampla an-bhreá is ea 'Mo Léan le Lua' le Eoghan Rua Ó Súilleabháin arb é is struchtúr dó an fhoirmle thíos:

3A + B + 3A + B + 2 C + 3 D + B.

A   Mo léan le lua is m'atuirse
    — /é   v /ua v/ a v v/
A   's ní féar do bhuain ar theascannaibh,
A   d'fhúig céasta buartha m'aigne,
B   le tréimhse, go tláth;
    — /é   v v á/

A   acht éigse is suadha an tseanchais,
A   i ngéibheann chrua is in anacra,
A   go tréith i dtuathaibh leathan Loirc,
B   gan réim mar ba ghnáth;
C   is gach lonnabhile borbchuthaigh
      — /o   v v v/ o v v v/
                           tréanchumais d'fhás,
                           /é v   v á/
C   de bhrollastoc na sonachon do phréamhaigh
      ón Spáinn,
D   go cantlach faon lag easpaitheach,
      — /ou v/ é   v/a v v/
D   fé ghallsmacht ghéar ag Danaraibh,
D   an camsprot claon do shealbhaigh
B   a saorbhailte stáit ....
                       (Dinneen 1902: 4 §§333-46)

Ar struchtúr 3A + B (trí throigh den deilbh chéanna agus troigh éagsúil) atá an t-ocht-fhoclach bunaithe, ach ó d'fhéadfadh a haon, a dó, nó a trí de ghutaí aiceanta a bheith sa troigh, faightear an-réimse teicníce sa mheadaracht seo ó phatrúin an-chasta ag Ó Bruadair go patrún simplí na véarsaíochta dí-ainm:

Is adhbhar cáis d'Éirinn ar leathadh dá
   — /a   v   á é v / a v á
                        scéalaibh
                       é v
dearbhbás céile is ciste na n-ord, ...
/a v á   é v/ i v v ó/
                     (DÓ B i: 6 §27)

Is liachtain leasaithe ar chiach do charadsa
   — / ia v   a v v/   ia v   a v v /
an sian so leathas gur bhuaidh tú an lá, ...
   /ia v   a v v / ua   ú   á /
                     (DÓB iii: 34 §1)

A phlúr na maighdean is úire gné
   — / ú v   é   v / ú v é
thug clú le scéimh ón Ádhamhchlainn, ...
v /   ú v é   v/ á   v/
                     (ND ii: 31 §§1-2)

Ar m'éirí dhom ar maidin,   — /a v/
grian an tsamhraidh ag taitneamh,   — /a v/
chuala an uaill á casadh,   — /a v/
agus ceol binn na n-éan; ....   — /é/

(ND i: 48 §§1-4)[50]

San amhrán cloítear leis an bpatrún céanna de ghutaí aiceanta ó líne go líne tríd an véarsa ar fad agus, de ghnáth, tríd an dán ar fad. Cé go mbeadh sé bailí tuarascáil a thabhairt ar na meadarachtaí seo de réir líon na dtroithe sa líne (a trí nó a ceathair nó a cúig de throithe de ghnáth), ós rud é gur féidir níos mó ná aon ghuta aiceanta amháin a bheith i dtroigh - féach, mar shampla, *chríochaibh Fáil* (/í v á/), *léig i bhfaill* (/é v a/) sna samplaí thuas - is léirithí an tuarascáil a bhunú ar líon na ngutaí aiceanta. Is ar an mbonn sin a bhunófar an tuarascáil seo, ag tosnú leis an líon is airde.

8: Is diombách me ag glinniú sa ghoirtdhrúcht
   — / i   á v/   i ú v/ i   ú
                    go doilbh uaigneach ....
                    v/ o v/ ua v /
             (Ó Donnchadha 1954: 23 §1)

7: Breathnaím cuisle cheartchumasaigh
   /a   í/   i v   v/ u v v /
                    Aogáin ghrinn ....
                    / é á   í /
                 (AÓR: 37 §1)

6: Do leathnaigh an ciach diacrach fám
   — /a v   v/   ia ia v   v /
                  sheanachroí dúr ...
                  /a v í ú /
                  (*ibid.* 8 §1)

5: Atá smúit san spéir is fraoch is fearg
   — / ú   v/ é v/ é   v/ a v/
                    nimhneach ....
                  /í v /
                  (*ibid.* 33 §1)

4: An trua libhse faolchoin an éithigh 's an
   — - / ua v v/ é   v v/ é   v   v/
                  fhill duibh ....
           /í   v /   (*ibid.* 28 §1)

Ós léir, nó ós dóigh liomsa gur léir, nach bhfreagraíonn meadaracht 'Caoine Airt Uí Laoire' don véarsaíocht uamach ná don véarsaíocht shiollach, do na meadarachtaí strófacha, don ochtfhoclach ná do mheadarachtaí an amhráin, ní foláir nó baineann sé leis an *caoineadh* - muran catagóir meadarachta faoi leith atá i gceist. Tá an *caoineadh* cosúil leis an amhrán sa mhéid gur ar líon cinnte de ghutaí aiceanta atá an líne meadarachta bunaithe ach tá sé difriúil leis an amhrán sa mhéid nach é an patrún céanna de ghutaí aiceanta a fhaightear ó líne go líne:

Creach is creach ar feadh na ríochta,
——— / a v/ a v/ í v/
dianchreach bróin san gcóige Muimhneach,
——— /ó v/ó v/ í v/
creach is ciach is diachair nimhneach,
——— /ia v/ ia v/ í v/
Seon Óg Hasset gan aiseag faoi líogaibh, ...
——— /a v v/a v v/ í v/

(AÓR: 34 §§1-4)

Mar is léir, ní hé an t-amas inmheánach céanna a fhaightear ó líne go líne, cé gurb é an guta aiceanta céanna a fhaightear sa troigh dheiridh tríd síos. Líne thríthroitheach atá i gceist, bunaithe ar phatrún /x—x—y/ : athraíonn x ó líne go líne ach fanann y socair tríd an dán ar fad.[51] Ó lár an tseachtú haois déag anuas, *caoineadh* a thug an t-aos léinn ar an saghas sin meadarachta, fo-roinn den véarsaíocht aiceanta ar baineadh úsáid aisti go háirithe sa chumadóireacht phoiblí: tuireamh, gríosadh, iomann, barántas, etc. Meadaracht lárnach í i saothar fhilí aitheantúla na Gaeilge (Céitinn, Feiritéar, Haicéad, Ó Bruadair, Ó Rathaille, Mac Cuarta, etc.), ach bhain idir mhionfhilí is fhilí anaithnid an-úsáid aisti chomh maith sa tslí gur mheadaracht an-choiteann í a bhfaightear an-réimse ealaíne, teicníce is cumais inti. Chítear an réimse sin an-soiléir sa tsraith dán a cumadh i lár an tseachtú haois déag a dtugtar 'dánta polaitiúla' orthu.

In 'Do Chuala Scéal', mar shampla, ní hamháin go gcloítear leis an bpatrún /x - x - y/ go docht ach soláthraítear rithim rialta thomhaiste idir na gutaí aiceanta is na gutaí neamhaiceanta ó líne go líne freisin:

Do chuala scéal do chéas gach ló mé,
—— /é v/ é v/ ó v/
is do chuir san oíche i ndaoirse bhróin mé,
—— /í v/ í v/ ó v/
do lag mo chreat gan neart mná seolta, ...
—— /a v/ a v/ ó v/
(ND i: 26 §§1-3)

Ach i samplaí eile ní bhíonn an patrún i gcónaí chomh docht sin ná an rithim chomh rialta. In 'Do Fríth, Monuar' cloítear leis an bpatrún /x- x - y/, ach níl rithim rialta i gceist tríd síos:

is gurab amhla atá le spás 'na méirdrigh,
—— /á v/ á v/ é v/
och! gan choigilt a croicinn ar éinfhear,
—— /o v v/o v v/é v/
fir an domhain mar ghabhaid go léigfeadh,
—— /ou v/ ou v/é v/
i leabaidh Bhriain, Niall is Éanna,
—— /ia/ ia v/é v/
angar chúiche an trú bhréagach,
—— / ú v/ ú/ é v/
is mór an ghráin 's is nár go héag dhi,
—— /á v/ á v/ é v/
na fir mhaithe do thaithigh do thréigean, ...
—— /a v v/a v v/ é v/
(FPP 1: §§9-15)

In 'Tuireamh na hÉireann'[52] ní chloítear leis an rithim ná leis an amas inmheánach (/ x x /) de ghnáth (lasmuigh de na línte tosaigh agus línte aonair thall is abhus):

An uair smaoinim ar shaoithibh na hÉireann,
—— /í v v/ í v v/ é v/
scrios na dtíortha is díth na cléire ...
—— /í v/ í v/ é v/
nár bháigh neart na tuile tréine,
—— /é v/

acht Naoi 's a chlann, Sem, Cam is Japhetus,
   _____   /a   v/   a v v/ é v/
acht amháin go raibh in Éirinn,
   _____   /é v/
Fionntain fáidh gan bhá sa déirlinn,
   _____   /á   v/ á v/ é v/
ní hé a shnámh ná a rith thug ré dho,
   _____   /é v/
acht toil an Ardrí , sé sin a éifeacht ....
   _____   /é v/
                    (FPP 4: §§1-2, 6-12)

Sa dán sin, ceann de na dánta ba mhó scaipeadh
sa seachtú is san ochtú haois déag, níl de
rialtacht meadarachta i geist i bhformhór na línte
ach an rím (/é v/) sa troigh dheiridh. Is lú fós de
rialtacht in 'Deorchaoineadh na hÉireann' a
chum Séamas Carthún sa bhliain 1659. Is é seo
an dán is lú teicníc sa tsraith trí chéile mar nach
bhfuil de phatrún meadarachta i gceist ó thús
deireadh an dáin ach an rím sa troigh dheiridh:

Gan bhrí, faraor, atá mo chéadfa,   — /é v/
atá mo spiorad ag dul sna héaga,
atáid mo shúile 'na muir théachta,
is iad mo dheora mo chothú laethúil,
níl in mo bheatha acht anró in éineacht,
tá mo chroí bocht dá raobadh,
is táid mo smaointe do mo ghéarghoin,
ag caoi go cráite staid na hÉireann ...
ag seo dhuitse mo scéalsa, ...
                    (DMM: 49 §§1-11)

Ní neart slua, ní heaspa bheatha,   — /a v/
ní marcshlua Gall dar ghluais ó Bhreatain,
ní clíth cumais, ní díth spreacaidh,
do chuir sluaite na hÉireann chum reatha,
faraor, faraor, acht méad a bpeaca. ....
                    (ibid. §90-95)

Siúd, a Phádraig m'fhiarán féin leat, — /é v/
go n-abraid naimhde na cléire,
nach bhfuil agad cluas le héisteacht,
is nach ngoilleann gearán na nGael ort,
is dá ngoilleadh, nach bhfaighdís éara,

gidheadh, bí linn is bí le tréin-neart,
is bíodh slán ar námhad go brách fa Éire.

(ibid. §§139-45)

Cé go bhféadfaí amas inmheánach a aimsiú nó a
sholáthar i gcuid de na línte sin thuas, sa chéad
líne (bhr<u>í</u> far<u>aor</u>) nó sa líne dheiridh (n<u>á</u>mhad go
br<u>á</u>ch) mar shampla, is fánach iad: níl aon amas i
gceist i mbreis agus nócha faoin gcéad de na
línte ná aon fhianaise ar fáil a thabharfadh le
tuiscint go raibh a leithéid de phatrún i gceist.
Táimid ag plé leis an bpatrún meadarachta is
simplí dár chuir an caoineadh agus prosóid na
Gaeilge trí chéile ar fáil: an líne aontroitheach,
an patrún céanna atá in 'Caoine Airt Uí Laoire':

M 'fhadachreach léanghoirt   — /é v/
ná rabhas-sa taobh leat,
nuair lámhadh an piléar leat,
go ngeobhainn é im thaobh leat, ...

(Ó Tuama 1961: XV)

Mo chara thu is mo thaitneamh!   — /a v/
nuair ghabhais amach an geata,
d'fhillis ar ais go tapaidh,
do phógais do dhís leanbh, ...   (ibid. XIX)

Mo chara thu is mo chuid!   — /i/
a mharcaigh an chlaímh ghil,
éirigh suas anois,
cuir ort do chulaith, ...   (ibid. XX)

Ní fheicimse aon difríocht meadarachta idir na
sleachta sin agus na sleachta as 'Deorchaoineadh
na hÉireann' thuas; níl rialtacht siollaí ná
rialtacht i bhfad na línte i gceist; níl rann ná
ceathrú i gceist; níl uaim ná amas inmheánach; is
í an troigh dheiridh, agus an troigh sin amháin, a
iompraíonn an mheadaracht sa dá chás.
Baineann an dá sholaoid, 'Deorchaoineadh na
hÉireann' agus 'Caoine Airt Uí Laoire', leis an
mheadaracht chéanna, an caoineadh. Agus faoi
nach sa tuireamh amháin a d'úsáid na filí
aitheantúla an fhoirm ba ornáidí den caoineadh
(/x x y/), ní sa caoine amháin a úsáideadh an
fhoirm ba shimplí de (—/y/).

Faightear samplaí de freisin agus é á úsáid mar
phaidir:

A Ghobnait an dúchais,   — /ú v/
a bhíodh i mBaile Bhúirne,
go dtaga tú chughamsa,
let chobhair is let chúnamh, ...

(Murphy 1931: 38)

mar shuantraí:

Siúd mar a chuirfinn mo leanbh
            a chodladh, — /o v/
ní mar a chuirfeadh bean an bhodaigh,
i súisín lín is i mbarailín olla,
ach i gcliabhán óir ar úrlár shocair,
nó i mbarr na gcraobh is an ghaoth á
               bhogadh,
Seoihín! Seó!   (*ibid.* 32)

mar cháineadh/aor:

Tá an formad t'éis me a shlad,   — /a/
le mná na bhfear so amach,
táid ag cuir na móna ar srath,
agus mo mhóinse féin sa cheap,
agus an fear a gheallann dom teacht,
ní mó leis biorán ná meath ....   (*ibid.* 21)

mar mhagadh:

Diarmaid deireanach,   — /e v v/
ó Chnoc an Eireabaill,
go bhfuil bean eile aige,
is gur máthair seisir í,
is go raghadh sé ag meigeallaigh,
fé dhéin duine eile acu,
dá bhfaigheadh sé teideal chuige!   (*ibid.* 24)

mar agallamh beirte:

Conas tánn tú, a Léan?,   — /é/
Dhia mhuise, a lao,
go lag agus go tréith,
mar a bheadh capall i bhféith,
ná féadfadh a chosa a chur fé ....   (*ibid.* 28)

Is mar 'véarsa a ceapadh le déidheannaighe' a
chuirtear síos ar an sampla deireanach sin: is

fadmharthanach a bhí an mheadaracht seo, in
iarthar Chorcaí go háirithe; bhí sí fós á
cleachtadh, i bhfad tar éis don chaointeoireacht
dul ar ceal, i réimsí difriúla ceapadóireachta ag
filí difriúla, idir fhir is mhná, agus sin mar a bhí
riamh is cosúil. Is cinnte gur oir an líne
aontroitheach, an troigh aiceanta dheiridh, an
easpa ornáidí mar uaim nó amas, gan chuing an
rainn nó na ceathrún a bheith ar an véarsa, gan
teorainn a bheith le fad na líne ná le líon na línte
in aon véarsa, an tsimplíocht meadarachta trí
chéile, gur oir sin cinnte don chaint ghearr, don
aisfhreagra, don deisbhéalaí - agus don saothar a
samhlaíodh a bheith á chumadh *ex tempore*. Agus
cé gur bailí mar dheiscríobh é 'simplíocht' a lua
le meadaracht an chaoine (sa mhéid gur simplí, ó
thaobh na teicniúlachta de, líne aontroitheach ná
líne   pheintiméadair),   fós   tá   cuid   den
chumadóireacht níos casta ná a chéile agus cuid
di níos ornáidí ná a chéile; cuimsíonn sí trí chéile
speictream leathan teicniúlachta.

Is í an líne aontroitheach aonghuthach aonsioll-
ach (.i. líne nach bhfuil ach aon ghuta aiceanta
amháin   sa   troigh   aonsiollach   dheiridh)   an
struchtúr is simplí a bhí ag an gcaoineadh:

> Mo ghrá thu agus mo rún!　　　　— /ú/
> tá do stácaí ar a mbonn,
> tá do bha buí á gcrú,
> is ar mo chroíse atá do chumha,
> ná leigheasfadh cúige Mumhan, ...
> 　　　　　　　　　(Ó Tuama 1961: XXXV)
> Mo ghrá thu agus mo chuid,　　　— /*i/
> dá mbeadh agam glao nó rith,
> do shroisfeadh ansúd thar cnoic,
> is gearr go mbeadh agam,
> lán an yard so amuigh,
> is cumhang a bheadh bhur dtigh,
> agus is fliuch a bheadh bhur mbroit,
> dá dtigidís aréir nó inniu .... (C 3: §§95-102)[53]

Ach, níos minicí ná a chéile, bíonn an troigh
aiceanta dheiridh ina dhachtal (déshiollach x v)

nó ina thrócae (tríshiollach x v v), é déanta suas
d'aon fhocal amháin, de dhá fhocal nó de thrí
ach é fós aonghuthach (aon ghuta aiceanta
amháin); fo-uair is iamb (v x) a bhíonn i gceist:

Mo chara is mo lao thu!   — /é v/
in aisling trí néallaibh,
do deineadh aréir dom,
i gCorcaigh go déanach,
ar leaba im aonar, ... (Ó Tuama 1961: XXVII)

Is domhsa nárbh aithreach,   — /a v v/
chuiris parlús á ghealadh dhom,
rúmanna á mbreacadh dhom,
bácús á dheargadh dhom, ...   (*ibid.* II)

Mo chara is mo chumann tu,   — /*i v v/
nuair a thiocfaidh do leinibh chugham,
cé thabharfadh it ionad dóibh,
an é Labhrás liobarnach,
nó Amhlaoibh cos-nochtaithe,
nó Diarmaid na Droiminne,
is má bhí a thuilleadh 'cu ann,
go ngabhaidh an tubaist iad ....   (C 14: §§1-8)

Siúd abhaile Siobhán,   — /v á/
ar tóin a gearráin,
ar chúl Tabóid na n-amhrán,
d'éis ól na gcupán,
is gan fiú an tsliogáin,
sa bhaile 'na bothán,
ná an dara corcán,
dá laghad an troscán, ... (McGrath 1936: 274)

Mo chiach agus mo dhíomá,   — /v á/
tá do ghaolta ar dhá thaobh an tsrutháin,
fíodóir na mbrachán,
agus táilliúir na bpreabán,
is an chuid eile díobh leis an seachrán, ...
                     (Bourke 1981: §§23-7)

Uaireanta bíonn an troigh aiceanta dheiridh níos
casta ná sin; i gcaointe difriúla tagtar ar shamplaí
agus í déshiollach agus aiceann dúbalta
déghuthach aici (.i. rím idir dhá ghuta an dá
shiolla):

72

Mo chara thu is mo shearcmhaoin!   — /a í/
is gránna an chóir a chur ar ghaiscíoch,
comhra agus caipín,
ar mharcach an dea-chroí,
a bhíodh ag iascaireacht ar ghlaisíbh, ...
(Ó Tuama 1961: XVII)

Ó mo chara thu is mo rún croí!   — /ú í/
a ghaoil na bprionsaí,
is na gCárthach cúlbhuí,
an méid ná deaghaidh anonn díobh,
is nár bádh i srúillíbh,
den chlann do rug cuntaois,
do Iarla Mhúscraí,
ad bhreith ar dhá stuimpín,
trí do dhúthaíbh.   (CUL Add. 6485: 68)[54]

Mo chreach is mo chás trím,   — /á í/
is minic a chuir sé orm lásaí,
le hata den mbánrín,
ach moladh leis an Ardrí,
táim scartha lena pháirtíocht, ...
(Ó hAilín 1971 i: 10)

Mo chara is mo ghrá croí!   — /á í/
a leinbh ón mBántír,
agus ón dá Ráithín,
agus ó Chlaodach na Bláthaí,
mar a mbíonn boird ar fhrámaíbh,
soird ar phlátaíbh,
eachrach ar stáblaí,
fir óga cáfaois,
le mná na mbánchíoch,
atá 'na lánluí ....   (RBÉ 268: 42)

I gcaointe difriúla agus sna leaganacha difriúla de 'Caoine Airt Uí Laoire' atá tagtha anuas is minic a bhíonn dhá rím sa líne, ceann i lár nó i dtús na líne i dteannta na ríme sa troigh dheiridh. De ghnáth ní chloítear leis an bpatrún dérímeach seo ach ar feadh a dó (go háirithe i dtús véarsaí), a trí nó a ceathair de línte agus níos minicí ná a chéile bíonn rithim rialta i gceist chomh maith:

Mo ghrá go daingean tu!   /á v/a v v/
lá dá bhfaca thu, ...   (C 6: I)

A Mhuirisín léan ort!   /i v v/é v/
fuil do chroí d'éag leat ....   (*ibid.* XII)

M'fhadachreach léanghoirt!   /a v v/é v/
a mharcaigh na réidhghlac, ...   (*ibid.* XIV)

Mo chara thu 's mo chuid!   /a v v v/i/
a mharcaigh an chlaímh ghil, ...   (*ibid.* XVIII)

Mo ghrá 'gus mo rún tu!   /á v v/ú v/
is breá thigeadh súd duit, ...   (*ibid.* XXVI)

A mharcaigh na mbánghlac!   /a v v/á v/
ó leagadh do lámh leat, ...   (*ibid.* XXX)

Lá breá Satharain,   /á v/a v v/
insa tsráid sin Cheanna Toirc, ...
            (RBÉ 492: 44)

faoi chuilteanna breátha breaca,   /i v v v v/a v/
a chuirfidh teas tré do bhallaibh,
in ionad an fhuachta ghlacais ....   (C 6: IX)

Mo ghrá 'gus mo rún tu!   /á v v/ú v/
's mo ghrá mo cholúr geal,
gidh ná tánagsa chughatsa, ...   (*ibid.* XXIII)

gan sagart, gan cléireach,   /a v v/é v/
acht seanabhean aosta,
do leath beann dá bréid ort, ...   (*ibid.* XXV)

M'fhadachreach thúirseach!   /a v v/ú v/
's is deas thiocfadh súd duit,
hata dtrí gcúinne, ...   (C 2: §§51-3)

Mo chreach fhada is mo chiach!   /a v v v/ia/
a dhalta dhil is a chiall,
ná faiceann tú chughat aniar, ...   (*ibid.* §§83-5)

ach mar mhaithe lem mháthair,   /a v v/á v/
do thug leaba 'na lár di,
ar feadh trí ráithe, ...   (RBÉ 927: 39)

culaith dhuine uasail,   /i v v / ua v/
idir spoir agus buatais,
cé cloisim dá luachaint,
gur boidichín fuaill tu, ...   (C 10: §§70-4)

Mo chara 's mo rún tu! /a v v/ú v/
ní raibh le casadh san gcúirt leat,
ach go rabhais ciontach,
i bpeaca na drúise, ... (*ibid.* §§89-93)

Mo thaisce 's mo rún tu! /a -/ ú v/
agus is fada amach do ghrúnga,
agus is fada siar é do rúmpa,
agus ní ó chasadh an túrna é, ...
(Ó hAilín 1971 ii: 6)

A bhacaigh, a ghrá ghil, /a v v/á v/
is fada bog fhásais,
más fada bog fhásas,
is i gan fhios dod chlársa é, ... (RBÉ 47: 214)

d'umhlaídís Sacsanaigh /í v/ a v v/
síos go talamh duit,
is ní mar mhaithe leat,
acht le haonchorp eagla, ... (C 6: III)

ón nGreanaigh ar saothar, /a v v/é v/
nuair stadaidís caolchoin,
a mharcaigh na gclaon rosc,
cad d'imigh aréir ort, ... (C 9: §§215-8).

Uaireanta cloítear leis an bpatrún dérímeach tríd
an véarsa ar fad nó i bhformhór mór na línte:

Is fada síos do rugas tu, /í v/*i v v/
agus is fada aníos do thugas tu,
agus thiar i gCiarraí a chuirfead tu,
ologón, mo bhean (RBÉ 1068: 273)[55]

A mharcaigh na mbánghlac! /a v v/á v/
is maith thigeadh b'rán duit,
daingean faoi cháimric,
is hata faoi lása,
d'éis teacht duit tar sáile,
ghlantaí an tsráid duit,
agus ní le grá dhuit,
acht le hana-chuid gráine ort (C 6: IV)

Mo chara is mo rún tu! /a v v/ ú v/
a mharcaigh an úirchnis,
nuair dhearcainnse chugham tu,
maidin bhreá dhrúchta,
do chapall óg cubhra,

do dhealraínn le diúic tu,
le mac rí nó prionsa,
is a fhios ag an Úrmhac,
go mba dhealrach leo a dtriúr tu,
i maise is in iompar   (C 2: §§22-32)

Tá an ghaoth adtuaidh go fírinneach,
          / ua   v / í v v/
agus dealramh mór chun tíormaigh air,
do ghoirt dá mbuaint go híseal tiubh,
is dá gceangal cruaidh le cuibhreacaibh,
do mhóin go cruachta díonaithe,
ainnir stuama sínte leat,
is gan beann ar bhuairt an chíosa 'gat
          (Ó Cróinín 1980: 296)

Mo chiach is mo thuirse,   /ia — /*í v/
mar thrialladar ár bhfoirinn,
diaidh i ndiaidh tar uisce,
's gan cliath againn ná ursa,
nár stialladh 's nár briseadh,
de thriathaibh Éireann uile,
acht iarmhar beag go singil,
agá iarraidh go minic,
ar Dhia 'gus ar Mhuire,
a mbeith ag rianadh an chluiche,
ar na diabhlaibh so dár milleadh
          (C 18 §§10-20)

Is creach ar na cúigíbh,   /a v v/ú í/
Silbheastar an chúirnín,
do ba fhada is ba fhionn groí,
ba leabhair ba lonraíoch,
ba dhlathach 'na gcúplaíbh,
go talamh ag siúl síos,
's ag casadh go cúngchruinn,
go dtagadh go cúl buí,
is go baitheas an fhionndraoi .... (*ibid.* §§41-9)

A Shilbheastair chróga,   /a v v/ó v/
is daingean tú id chomhalta,
's go dearbh dod chomhgas,
don tsagart dá stócach,
don bhacach don gheocach,
dod bhanaltra rómhaith,
do ghreadais do chomharsain,

tú treascairt i t 'óige,
fá leacaibh ar feochadh,
is gan aire go deo 'gad,
ar chasadh le sceolaibh ....   (*ibid.* §§58-67)

Uaireanta athraíonn patrún na ngutaí aiceanta, ní hamháin ó véarsa go véarsa ach laistigh den véarsa féin:

Mo léir géar is mo chreach	—/a/
ná rabhas féinig leatsa amach,	/a/
chun go ngeoimís suas an claí reamhar,	/ou/
mar a ghabhamar go minic fá ghreann,	/ou/
bhíodh gach aoinne dár mbrath,	/a/
a rá gur mise do bhean,	/a/
mar bhí ceann againn go dubh deas, ...	/a/
ní raghfá go geata na n-amhas,	/ou/
mar d'éirigh romhat an crowd,	/ou/
is níorbh é sin ba mheasa liom,	/ú/
ach gur thugadar amach an tlú	/ú/

(Ó hAilín 1971 ii: 6)

A lucht na gcnaipí crón,	—/ó/
fanaidh siar go fóill,	/ó/
go bhfaighidh an laoch mear deoch,	/o/
is go raghaidh sé isteach ar scoil,	/o/
is ní ag foghlaim léinn ná port,	/o/
ach ag iompar chré agus cloch,	/o/
scaoilidh na huaisle romhaibh,	/ó/
go mbíodh acu rince is ceol,	/ó/
fíon is puins ar bord	/ó/

(*ibid.* 7)

A Cháit, a lao is a chuid,	—/i/
cúis do bháis dúinn 'nois ...	
is ná fág i mairg sinn,	
tá agat mná agus fir,	
a thógfaidh go cneasta thu,	/a v v/
go bhfuil tithe agus bailtí 'cu,	
fén ndúthaigh mhóir amuich,	/i/
is páirt den tsráid istigh	(RBÉ 203: 330)

A Sheáin Óig Mhic Craith,	—/a/
tabhair uaim é amach,	
is mo dhriotháir Peaid,	
d'fháscfadh air an scraith,	
cuiridh air ualach,	/ua/

agus greadaidh é don tsluasaid,
a Sheáin ó ....   (C 15: §§31-7)

Mo bheannacht ort, a leac,   —/a/
is ná léig Bríd amach,
sí ghéaradh dúinn an deoch,   /o/
is náireadh uaithe ár dteach,   /a/
anois ó tá tú in airc,
tiormú síoraí ort ....   /o/ (KIL 6: 140)[56]

Is léir nach taobh le leagan aonfhoirmeach
amháin a bhí na filí a bhain earraíocht as
meadaracht an chaoinidh nó as seánra an
chaoine. Is suimiúil, sa chomhthéacs sin, na
samplaí a chuir Seán Ó Donnabháin i gcló.
Marbhna is ea ceann acu a scríobh 'his female
keener, Bridget Dwyer' ar John O'Donovan eile
a fuair bás sa bhliain 1797:

A Sheáin Uí Dhonnabháin, mo dhiomá féin tu!
    /á   á   /   é v/
a bhuinneáin álainn d'ardfhuil na féile,
    /á   á /   é v/
tóg suas do cheann is labhair led chéile,
    /ou   ou   /é v/
d'fhág tú gan fear gan mac ag géarghol,
    / a   a   / é v/
ní ar iasacht a raghainn ag iarraidh do ghaolta,
    /ia   ia   /é v/
táid siad go fairsing i measc na dtréanfhear ....
    / a   a   / é v/
                    (O'Donovan 1858: 25)

An dara ceann a thugann sé, cumadh é 'by his
sister over the body of John O'Brien who was
contemporary with my grandfather':

Toiseoidh mé ag an talamh leat: —/a v v/
bhí dhá chois dheasa agad,
dhá cheathrú gheala agad,
com seang cailce agad,
dhá shlinneán leathana,
déad péarlach glan agad,
grua álainn dathamhail,
súil chaoin ghlas agad,

tré a dtug na mná taitneamh dhuit,
a Sheáin ó.
Ba dheas é do chom i ngabhal an chéachta,
    / ou   ou   /é v/
ba dheas í do shliasaid i ndiallaid chraorag,
    /ia   ia   /é v/
ba bhreá é do sheasamh ar mhargadh 's ar aonach
    /a   a/   /é v/
och a Sheáin, mo ghrá ná tréig sinn.
    /á   v/ á   v/ é   v/

(ibid. 27)

Ní hí an mhalairt mheadarachta amháin - ó
fhoirm shimplí den chaoineadh go dtí foirm níos
casta - is suimiúil i dtaobh an dara sampla sin
ach gur ceathrú atá i gceist, mar a bheadh ceithre
líne amhráin, sa dara véarsa. D'fhéadfadh go
raibh dhá véarsa as dhá dhán dhifriúla, ar an
duine céanna, tugtha le chéile ag Ó Donnabháin,
ach ní móide é. Faightear an mhalairt chéanna (ó
líne thríthroitheach go líne aontroitheach) agus
an fhoirm chéanna (ceathrúna) i gcaointe eile
freisin.[57] Ina cheathrúna amháin atá an caoine a
rinne a mháthair ar Thadhg na Samhna, caoine a
chloíonn le béarlagair an ghnáthchaoine ach a
chloíonn chomh maith leis an struchtúr /x x y/
tríd síos:

A Thaidhg na Samhna, b'fhear ceann sa tír thu,
    /ou   ou/   í v/
ba bhinn do labhartha is níorbh fhalsa an croí 'gat,
    /ou   ou   /í v/
ó thógais do cheann bhí greann Dé is daoine ort,
    /ou   ou/   í v/
chun go gcrochadh ar chrann i nGleann Uí Chroim tu.
    /ou   ou/   í v/

Ba bhreá é do sheasamh ar an macha Dé Domhnaigh,
    /a   a/   ou v/
ba bhreá riot do leacan agus pearsa do chabhla,
    /a   a/   ou v/
na céadta bruinneal ag feitheamh ar labhairt leat,
    /i   i/   ou v/
sí an mhaighdean Mhuire thugais mar thogha leat.
    /*i   *i/   ou v/

Is ina cheathrúna, den chuid is mó, a cumadh 'Caoine an Ghabha' freisin; a dheirfiúr a chum agus bailíodh an-chuid leaganacha de ar fud na Mumhan;[58] sa leagan seo cloítear leis an struchtúr /x x y/ a bheag nó a mhór:

Do bhí mé ag teacht ar feadh na hoíche,
      /a   a/   í v/
mo ghruaig fliuch agus mo cheann scaoilte,
      /*i   *i   /í v/
ag féachaint an mbéarfainn ort gan síneadh,
   /é   é/   í v/
acht is amhlaidh fuaireas fuar marbh gan bhrí thu.
      /ua   ua/   í v/

Dob fhuiris aithne dhomhsa ar theacht chum
   /a   a/
                              na háite,
                              /á v/

nuair nár chualas fuaim na ceártan,
      /ua   ua/   á v/
na hoird dá mbualadh go lúfar láidir,
         /ú   ú /   á v/
gur marbh do bhí mo dheartháir Seán bocht!
   /a   a/   á v/
                        (RIA 12 Q 13: 108)

Is i dtuarascáil a scríobh Proinsias Ó Catháin (Francis Keane) ó chontae an Chláir, sa bhliain 1876 a fhaightear an leagan sin de 'Caoine an Ghabha'. Ag trácht ar na 'Caoiners - Caointeoiridhe' a bhí sé agus is mar shampla de shaothar na mban caointe a thugann sé an caoine sin agus an ceann seo ar Sheán de Búrc:

A Sheáin de Búrc, mo dhiombá féin tu! — /é v/
a bhuinneáin úir, mo leannán glégeal,
tóg do cheann go n-insíod scéal duit,
gur bean gan mac gan fear do chéile,
   uchón, uchón, a Sheáin ó! ....

A dhaoine uaisle an trua libh mo chás, — /á/
ag gol go buartha ar thuama mo ghrá,
bhíodh táth dá ghruaig agam im láimh,
is coileán dá chuanaibh agam in mo lár ....
                        (*ibid.* 206)

Cé gur dóichí go samhlófaí dúinne inniu gur 'liteartha', ó thaobh meadarachta is friotail, na caointe sin ná an gnáthshampla den chaoine atá scrúdaithe againn go dtí seo, ní idirdhealú é sin a rinne seachadaithe an naoú haois déag, daoine mar Sheán Ó Donnabháin nó Proinsias Ó Catháin, mar atá feicthe againn; ní dhearna daoine eile aon idirdhealú mar é ach oiread. I dtuarascáil a scríobh Seán Pléimeann ar an gcaoine is an chaointeoireacht, thug sé cnuasach breá de shaothar na mban caointe, cnuasach nach bhfuil aonfhoirmeach ó thaobh meadarachta ná friotail, cé go mbainid go léir, dar leis, leis an seánra céanna:

(i) Bhí Máire Strike ann is a ladhar ar leathadh,
　　　　　/oi　　　　oi/　　　a v/
　　Siobhán Rua is í ag bualadh a basa,
　　　　　/ua　　　ua/　　　a v/
　　an Bhrídeach Chaoin, bean mhín ón Carraig,
　　　　　/í　　　　í/　　　　　　a v/
　　is gártha na n-adharc ó Choill an Ghleanna ....
　　　　　/oi　　　　oi/　　　a v/
　　　　　　　　　　(RIA 12 Q 13: 42)

(ii) Ar mo ghabháil anall dom an gleann so 'n ár
　　　　　/ou　　　　　　ou/
　　　　　　　　　　　　　　gcóngar,
　　　　　　　　　　　　　　/ó　v/
　　gleann an uisce, na muilte is na mbróinte,
　　　　　/i　　i/　　　　ó v/
　　ag barra na leacan sea dhearcas na slóite,
　　　　　/a　　　a/　　　ó v/
　　bhíodar críon, meánaois is óg ann,
　　　　　/í　　　í/　　　ó v/
　　mórán fear faoina gcasgcúil órga ....
　　　　　/a　　　a/　　ó v/　　(*ibid.* 44)

(iii) Adúirt Síle Ní Mhathúna liom go fadchumhach
　　　　　/ú　　　　　　　ú/
　　　　　　　　　　　　　déarach,
　　　　　　　　　　　　　/é　v/
　　roinn teachtaireacht do léigean leat go dtína céile, ...
　　　　　/a　　　　　　a/　　é v/
　　　　　　　　　　(*ibid.* 50)

(iv) Dia dhuit, a leinbh, a chumainn is a chiallaigh,
      /*i   *i/   ia v/
nó an gcuirfeá fáilte roimh chuire gan iarraidh,
is mó braon milis do thugas óm chliabh duit,
is an oíche rugadh tu d'fhuilling mé pian tríot, ...
                                   (*ibid.* 51)

(v) Ós bean tá ag imeacht mé is do chasfaidh amáireach,
      /a   a/   á v/
déanfad *match* ceathrair sula bhfágfad an áit seo,
beirt led athair is beirt led mháthair,
scaoilfead amach ag faiche na ráithe iad, ...
                                   (*ibid.* 51)

(vi) Athair ó mo chroí!   — /í/
ná tabhair iontaoibh le mnaoi,
bheadh ag sracadh gruaig a cinn,
is do raghadh san bpoll rómhad síos,
is sula bhfágfadh bainne a cíoch,
go mbeadh fear eile léi ag luí.

Is cruaidh an tslat í an cuileann,   — /i v/
is cruaidh agus a buille,
ní mar bharra bog an tuige, ...   (*ibid.* 52)

Ní gá, gan amhras, glacadh gan cheist le tuairiscí na seachadaithe sin; ina choinne sin, bhíodarsan níos cóngaraí don ábhar ná sinne agus ní gan chúis is ceart diúltú don fhianaise a shólathair siad. Agus cé go mb'fhéidir dul amú a bheith orthu i dtaobh dánta áirithe nó go bhféadfaí amhras a chaitheamh ar ghnéthe áirithe dá gcuid saothair, tá an fhianaise ar fad atá scrúdaithe againn go dtí seo ag teacht le chéile chomh fada is a bhaineann leis an mheadaracht: na filí mná a chum na caointe sin, nó ar leagadh orthu iad, ní taobh le haon fhoirm amháin den mheadaracht *caoineadh* a bhíodar. Is léir go raibh rogha d'fhoirmeacha difriúla ar fáil acu: an líne aontroitheach nó an líne thríthroitheach, líne ghearr nó líne fhada, ceathrú nó véarsa gan aon teora línte; bhí speictream leathan ilghnéitheach cumadóireachta i gceist, ón fhoirm is simplí go dtí an fhoirm is casta, nach furasta idirdhealú docht a dhéanamh eatarthu i gcónaí. Tá sraith caointe ann ar fiú, dar liom, aird faoi leith a dhíriú uirthi mar gur sraith í a chuimsíonn agus a shaothraíonn, d'aonuaim is cosúil, gnéithe difriúla den speictream cumadóireachta a bhí ar fáil. Caointe iad a bhféadfaí a rá ina dtaobh gur cumasc is ea iad den fhoirm is simplí den seánra (an líne aontroitheach) agus an fhoirm is casta (an líne thríthroitheach) sa mhéid (a) gur véarsaí, gan teorainn le líon na línte, a bhíonn i gceist; (b) go malartaíonn an guta aiceanta sa troigh dheiridh ó véarsa go véarsa; (c) go mbaintear úsáid as gairmigh nó as uaillbhreasa i dtús gach véarsa; (d) gurb é an struchtúr meadarachta /x x y/ atá i gceist i ngach dán acu trí chéile, cé nach soláthraítear an t-amas inmheánach i ngach líne i ngach dán acu agus, mar sin, gur cruinne cuid acu ná a chéile. Tá tréith choiteann eile a bhaineann leis an tsraith seo trí chéile - gur sa taobh thoir theas den tír a cumadh iad. Tugaim anseo sleachta léiritheacha as cúig cinn acu:

(i) Caoine a chum a dheirfiúr ar an Ath. Nioclás Ó Síthigh a crochadh i gCluain Meala sa bhliain 1766:

A Athair Nioclais, mo chás id luí thu!
  /á á/ í v/
atá do chomhlucht go buartha gan aoibhneas,
  /ua ua/ í v/
atá clanna Gael fé ghéarsmacht do chaoineamh....
  /é é/ /í v/

Mo chreach ghéar agus mo chás! — /á/
a shagairt an urla bháin,
agus ní bréag domsa a rá
gur fada chuaigh do cháil,
san bhFrainc is san Spáinn, ...
      (C 16: §§1-3, 19-23)

(ii) Caoine a rinneadh ar an Ath. Seon Stafford, easpag cóidiútair Fhearna a fuair bás sa bhliain 1781. Ní fios cé chum:

A Athair Seon, is tusa mo dheacair!
   — /a v/

níorbh iongnadh liom féin dá mbeadh éiclips
/é   é/

ar ghealaigh,
/a v/
dá dtiteadh na spéara le chéile ar an dtalamh,
/é   é /   a v/
dá scoilteadh an fhuinseog ina barra,
/i   i /   a v/
dá mbeith na ba ag géimne in gach aon taobh
/é   é/

den bhaile, ...
/a v/(C 17: §§1-5)

(iii) Caoine a chum Anna Ní Chadhlaigh ar an
Ath. Seán Ó Maonaigh, sagart paróiste
Chill Rosanta, contae Phort Láirge, a fuair
bás sa bhliain 1819:

Mo chreach ghéar féin agus mo dheacair!
/é é /   a v/
an uair thángas araoir go dtí do gheata,
/í   í /   a v/
shaoileas gur chruinneáil do bhí ar bhráithre
/á   á/

's ar shagairt,
/a v/
nó suíochán meidhreach do bhíodh roimhe
/í   í/

seo ar easpaig,
/a v/
ní mar sin a bhí, acht an rífhear marbh, ...
/í   í /   a v/
(C 19: §§1-5)

(iv) Caoine a chum Máire Ní Dhonnagáin, a
chónaigh i gcontae Phort Láirge i dtús an
naoú haois déag, ar a deartháir:

A dheartháir ó, mo mhíle díth thu!
— /í v/
is mé rinn an aisling do chealg an croí 'gam,
/a   a /   í v/
an oíche roimh shollamhain oirdhearc Íosa,
/o   o/   í v/

go bhfeacas leon den chrófhuil dob airde, ...
      /ó   ó/   í v/

A dheartháir ó, mo mhíle milleadh!
            —   /i v/
dá mbeinn suite mar ba chuibhe dhom i bhfoirm,
      /i   i/   /i v/
do chuirfinn síos do ghníomhartha is
      /í   í/
            tuilleadh, ...
            /i v/(C 13: §§1-4, 63-5)

(v) Caoine a cumadh ar Learaí Breatnach ó
     Shliabh gCua.

D' éiríos féin go moch ar maidin,
            —   /a v/
chuas go dtí do theaghlach mar ba chleacht liom,
                  /a   v/
ní bhfuaireas romham ann ach canlán leanbh ...
                  /a v/

A Learaí an Bhreatnaigh, a mhala na míne,
            /a   a /   í v/
a mhic na máthar ná cáinfear choíche,
            /á   á /   í v/
a mhic an athar nár mhaslaigh an líne,
      /a   a /   í v/
tá do gheataí daingean ó mhaidin go hoíche....
      /a   a /   í v/
            (C 20: §1-3, 47-50)

Ní gá ach an chéad sampla atá tugtha thuas
agam, 'Caoine an Athar Nioclás Ó Síthigh' , a
scrúdú, ní hamháin chun réimse meadarachta is
teicníce na sraithe trí chéile a léiriú ach chun a
chur ina luí orainn, chomh maith, a dhodhéanta
atá sé idirdhealú docht a dhéanamh idir an
leagan neamhchas (—/y/) agus an leagan casta
(/x x y/) den mheadaracht. Mar ní hamháin go
síneann an fhoirm mheadarachta ó cheann go
ceann acu sa seánra trí chéile, ach go ndéanann
sin i ndánta indibhidiúla chomh maith.
Speictream atá i gceist, mar atá sa mheadaracht
chéanna i nGaeilge na hAlban.

Tá an *caoineadh* ar cheann de na meadarachtaí is coitianta a fhaightear i véarsaíocht an tseachtú is an ochtú haois déag i saothar na bhfilí Albanacha agus, dála na bhfilí abhus, ní mar 'marbhrann' nó mar 'tuireamh' amháin a fhaightear é. Suimiúil go leor, is é an seánra is mó a bhí ceangailte leis an mheadaracht na 'horain luaidh',[59] na hamhráin saothair a chasadh is a chumadh mná, mná dí-ainm den chuid is mó:

Nighean bhuidhe, nighean bhàn,   — /á/
dhut a thug mi mo ghràdh,
ni nach ceil mi air càch,
gus an déid mi 'san làr,
anns an anart chaol bhàn,
an ciste chumhaig nan clàr.

(Campbell 1960: 11 §§384-9)

Nam faicinn mo leannan le ghealladh do' n
—   /a   a /
bhuailidh,
/ua v/
gun glacainn an cuman, 's gun lunnainn a'
—   /u   u /
bhuarach,
/ua v/
gum faighinn leat cadal an leaba bhig
—   /a   a /
luachrach, ...
/ua v/
(*ibid.* 20 §§713-8)[60]

Ach ó lár an tseachtú haois déag amach thosaigh filí aitheantúla difriúla (Máiri Nighean Alasdair Ruaidh, Diorforgaill Nic a' Bhruthain, Alasdair Mac Mhaighstir Alasdair, Iain Lom, Sílis na Ceapaich)[61] ar an mheadaracht a úsáid i seánraí difriúla, go háirithe sa 'marbhrann'. Ina saothar-san tagtar ar na trí struchtúr a fhaightear i meadaracht an chaoinidh in Éirinn - líne aontroitheach, líne dhéthroitheach, líne thríthroitheach:

Is mi an eilean gun fhiar gun fhasgadh, -/a v/
ma dh' fhaodas mi théid mi dhachaidh,

ní mi an t-iomramh mar as fhasa,
do Uilbhinnis a' chruidh chaisfhinn, ...
(Watson 1934: §§359-66)

Cha sùrd cadail,   — / ú /a v/
an rùn-s' air m' aigne,
mo shùil frasach,
gun sùrd macnais, ...   (*ibid.* §§1065-8)

Ach, a Mhairearad nan cuireid, cuime a chuir
     thu orm breug   — /i i/é/
gun robh leanabh gun bhaisteadh fo aisne mo
     chléibh,   —/a a/ é/
ann an làraich mhic tighearn' far nach
     bithinn 's tu fhéin,   — /í í/ é/
cuim' nach innseadh tu an fhírinn cho
     cinnteach rium fhéin, ...   — /í í/é/
(*ibid.* §§121-8)

An próiseas sin a tharla in Albain - meadaracht a
samhlaíodh ó thús le haicme íseal shóisialta is le
seánra míghradamúil ag teacht 'aníos' is á cur in
ócáid ag filí aitheantúla - tharla a leithéid
chéanna in Éirinn i gcás na meadarachta céanna.
Mar cé gur le mná, mná anaithnid gan seasamh
sóisialta go háirithe, agus lena gcuid caointe a
samhlaíodh meadaracht 'Caoine Airt Uí Laoire'
ó thús, ní i saothar na mban caointe ná i seánra
an chaoine amháin a fhaightear an mheadaracht
sin. Mar atá léirithe cheana, bhí an mheadaracht
le fáil coitianta sa litríocht bhéil i dtús na haoise
seo i gcúige Mumhan i seánraí difriúla, i
bpaidreacha, i suantraithe, in agallaimh beirte,
mar shampla. Ach ní sa litríocht bhéil ná sa
saothar dí-ainm amháin a cleachtadh í, faightear
an mheadaracht ag filí aitheantúla freisin, ag
Diarmaid Ó Sé, mar shampla:

Greadadh chughat, a léithlic!   — /é v/
greadadh agus léir ort,
níorbh ionadh scéimh ort,
oscailt ó chéile,
agus marcach na réidhghlac,
a bheith agat mar chéile, ...
(Ó Súilleabháin 1937: 24 §§39-41)

ag Uilliam Ó Murnáin:

Mo chara tu 's mo stór,   — /ó/
a leinbh na gcréachta mbeo,
do chúl ar dhath an óir,
do shúil ba néata cló,
do bhiorshrón cumtha cóir,
ar th'éadan socair sóil, ...
(UCC T 22: 215, T 24: 226)

ag Piaras Mac Gearailt:

Och, a dhaoine bochta an tsaoghail, — /é v/
bhíonn ag cruinniú an óir 's an éadaigh,
is eagal díbh in am an éaga,
gur trom an t-ualach é 'gaibh.

Is measa dhíbh mar táid na scéalta,
libh ní chuirfear bun sa chré dhe,

beidh sé dá roinnt thar bhur ndéidhse,
is sibh faraoir, fén íoc is daor libh.
(Ó Foghludha 1905: 37 §§1626-34)

ag Tadhg Gaelach Ó Súilleabháin:

A bhanríon na bhflaitheasaibh,   — /a v v/
is tú mo chrann bagartha,
is mo chonsailéir caithiseach,
do chuas fád thearmann,
is é m'intinnse is m'aigne,
na mílte blian dá mairinnse,
mo bhanimpire mharthannach,
ná déanfainnse t'atharrach ....
(Dinneen 1903: 28 §§1681-8)[62]

Cé nach meadaracht lárnach an fhoirm áirithe sin i saothar aon duine de na filí aitheantúla a bhain earraíocht aisti, fós níor scorn leo í a úsáid, pé cúlra liteartha nó sóisialta a bhí aici nó a samhlaíodh léi. Meadaracht í a bhí an-oiriúnach, a tuigeadh, don saothar roscach, go háirithe don ráiteas poiblí 'spontáineach', pé acu paidir, agallamh beirte, gríosadh chun cogaidh nó caoine a bhí i gceist. Meadaracht í freisin a thug an-scóip theicniúil do na filí, laistigh den struchtúr fréamhaithe, mar a chonaiceamair cheana agus mar a léiríonn Tadhg Gaelach Ó Súilleabháin go soiléir. Is amhrán é *A mhóirmhic chatharaigh chailce na soilse aoibhinn* (/ó v/a v v/ a v v/í í v/) a n-athraíonn patrún na ngutaí aiceanta ó cheathrú go ceathrú ann agus a bhfuil mar a bheadh loinneog (a thosaíonn tríd is tríd le *Amen, a -*) idir cheathrúna an amhráin. I véarsaí nach bhfuil líon cinnte línte iontu, i meadaracht an chaoinidh atá an loinneog sin agus cuimsíonn na véarsaí difriúla sin líne aontroitheach, líne dhéthroitheach is líne thrithroitheach - an speictream iomlán a chuir meadaracht an chaoinidh ar fáil:

Amen, a Íosa,   — /í v/
do cheannaigh go daor me,
ar an gcrann Dé hAoine,
is do namhaid id thimpeall,
is do bhanaltra taobh leat,
go cathach od chaoineadh ....
          (Dinneen 1903: 13 §§582-7)

Amen, a Íosa,   — /a v v / í v/
cé fada mé im shaighead nimhe,
damanta ar díbirt,
is tré ghangaid an ghnímh sin,
tá m'anam bocht ciordhubh,
ceangailte i gcuibhreach,
nach féidir do scaoileadh,   — /é v v/í v/
nó go saorfar arís mé,
le braon beag de fhíorfhuil,
naofa do chroí ghil, ...   (*ibid.* §§618-27)

Amen, go binn, a rí agus a uain,
    /í   í   /   ua/
do cheannaigh mé go carthannach ar cuaird,
    /a   a   /   ua/
ag an bpiolóir i bpionós chruaidh,
    /i   i   /   ua/
is na Giúdaigh falsa dream an uabhair,
    /ou   ou /   ua/
dod sciúirseáil eatarthu, dod mhaslú go mór,
    /a   a   /   ua/
do bhrúdar do shúil mhilis shuairc, ...
    /ú   ú   /   ua/
         (*ibid.* §§732-7)

***

Ní i bhfolús cultúrtha a cumadh 'Caoine Airt Uí Laoire'. Bhí an té a chum an dán ag tarraingt, is léir, as traidisiún áirithe cumadóireachta a raibh a choinbhinsin féin, idir stíl, mheadaracht is mhóitífeanna, ag roinnt leis. Ní haon áibhéil é, dar liom, a ndúirt Bowra i dtaobh Homer a thagairt d'údar an dáin seo freisin:

> It found in Homer a poet of such gifts that he took the traditional material and made it his own ... His work was far from being a compilation. He employed the traditional methods and stories, but he subordinated them to his artistic purpose and impressed his own personality upon them ... So great was his mastery of his materials that the simplicity which results from it has often been mistaken for the work of untutored genius. (Bowra 1930: 48, 274)

Ba ghá, gan amhras, an chinnteacht inscne sa stáir sin (*he*) a neodrú i gcás 'Caoine Airt Uí Laoire' agus *sé/sí* a scríobh ag tagairt dá údarsan, mar nach eol dúinn cé chum é.[63] Deir an insint thraidisiúnta linn, cinnte, gurbh í Eibhlín Dubh Ní Chonaill a chum an dán ach ba chuid den choinbhinsean é, is léir, caointe mar é a leagadh ar bhean faoi mar ba chuid den choinbhinsean freisin é idirdhealú a dhéanamh idir an caoine agus an tuireamh.[64] Tar éis an tsaoil, ní hí Deirdre a chum 'Caoine Dheirdre' cé gur uirthi agus uirthi amháin a leagtar é. B'fhéidir go bhfuil réiteach na faidhbe le fáil sa léaspairt thábhachtach seo, léaspairt nach bhfuil aon phlé déanta uirthi ó nochtadh ar dtús í:

> It is possible to show that the *bean chaointe*, the 'wailing woman' as she appears in the texts of *caoineadh* and in various references in literature, is an archetypal literary figure.
> (Bourke 1980: 27)

Nótaí

1. Ar mhaithe le soiléire is beachtas téarmaíochta, tá idirdhealú ortagrafach déanta agam idir *caoine* (seánra), agus *caoineadh* (meadaracht).

2. Is é an 'Teach Mór' mar a thuig is mar a léirigh Ó Corcora é (Corkery 1925: 30-58) atá i gceist; tá an tuiscint sin Uí Chorcora le ceistiú, dar liom. Féach freisin: Cullen (1996: 181), Ó Cróinín (1963: 246).

3. Féach, mar shampla: 'Such a spirit is already present in the excellent article written by Rachel Bromwich ... an extraordinarily perceptive piece of writing for its time, and one which even now would require to be modified only in order to accomodate the additional illustrative material which has since become available and to relate it to more recent work on oral tradition in general, particularly that of Milman Parry and Albert Lord' (Ó Coileáin 1988: 106).

4. Níl oiread is tagairt amháin, mar shampla, do leabhar Uí Shúilleabháin in Ó Madagáin (1978), cé go bhfuil tagairt don leagan Béarla (1967) ann; ba cheart a rá go luann Bourke saothar Uí Shúilleabháin go minic ina saothar agus go n-admhaíonn a thábhacht.

5. Cumasc é sin, ní foláir, den dá líne a fhaightear sa téacs: 'is each caol ceannann fút' agus 'marcach na lárach doinne' (Ó Tuama 1961: §§29, 205). Is é atá sa téacs, ag freagairt don eachtra sin, 'gur tháinig chugham do chapall' (*ibid.* §64); 'capall breá glas, capall glas' a deirtear a bhí ag Art sna cuntais air a tháinig anuas sa bhéaloideas (RBÉ 535: 329; 912: 120); féach freisin: Ó Cróinín (1982: 34).

6. Féach: 'gan dabht bhí daoine ann a thuig gur tíoránach Art Ó Laoghaire. Duine den dreamsan a cheap an caoine so agus do chuir focail tosaigh (mar gheall ar 'an maide, srl') i mbéal a mhná féin' (S. Longphuirt, *An Lóchrann* Meitheamh 1926, 50).

7. 'fuil do chroí' a luaitear sa téacs (Ó Tuama 1961: §66).

8. Ós rud é gur chóip athláimhe a bhí agam féin, bhí 'deirfiúr Airt', is 'athair Airt' scríofa isteach cheana féin uirthi ag an té ar cheannaíos uaidh í; comhartha ceiste i bpeann dearg a scríobhas féin os a gcomhair amach: is fada siar a théann eithne na haiste seo.

9. Tugaim na sleachta seo mar atáid ag Ó Tuama (1961).

10. Cuireann Ó Tuama comhartha ceiste os cionn an véarsa seo.

11. 'Our esteemed fellow-member, Mr Eoin O'Mahony, K. M. states there is a tradition that the outlaw was one of those O'Leary's of Ballymurphy. If so, he was son to a Cornelius who died prior to July 1771 ...' (Collins 1956: 1). B'fhéidir a thuiscint as an líne 'mar a bhíodh i rúm do Dhaid' (Ó Tuama 1961: §135) freisin go raibh athair Airt marbh; sin í an t-aon tagairt amháin (lasmuigh den ghinealach) sa dán don athair.

12. Déanann Ó Cróinín tagairt do alt Collins (1956) anseo.

13. Ach níl aon tagairt do Chorcaigh ná d'aon áit eile sna véarsaí sin; téama coiteann sa tuireamh agus sa chaoine araon é míniú éigin a dhéanamh ar a laghad daoine a bhíonn i láthair.

14. Ach ní luaitear aon teach sa véarsa sin ná sa chuid sin trí chéile.

15. 'Ar inse Charraig an Ime' a cumadh na véarsaí tosaigh, dar le Ó Cróinín (1949: 35); 'i dteach éigin i gCarraig an Ime' a cumadh iad, dar le Ó Tuama (1961: 51);

dar le Ó Tuama (*ibid.* 53) gur 'leis an dara adhlacadh' a bhaineann véarsa XXXVI; 'agus na mná ag fágaint na cistean' a cumadh é, dar le Ó Cróinín (1949: 41); is é atá ann, dar le Ó Madagáin (1981: 314), 'the lines sung by Eibhlín Dubh calling on the procession of mourning women to halt (at the last tavern on the route) ....' Maidir leis an deoch uisce, féach: 'This arises from a belief that the last person buried in a churchyard is employed in bringing water to his fellow-tenants' (Hall 1841 i: 231).

16.   Tuiscint thraidisiúnta í freisin, gan amhras, go mbíonn spás (idir spás geografúil, spás ama is spás mothaitheach) idir 'an gheit', mar a déarfadh Ó Ríordáin, agus an gníomh cruthaitheach. Má tá cuma nathánach sheanchaite ar thuiscint Wordsworth ('emotion remembered in tranquility'), tuiscint mharthanach is ea í: 'Lyric writing always involves the shifting of a weight of personal experience through a certain distance' (Heaney 1996: 7). Féach freisin: Cullen (1993: 15), Ó Súilleabháin (1961: 113).

17.   Féach: Ó Tuama (1961: §§204-6, 340 nótaí).

18.   Díol suntais é an téarma Béarla, seachas aon téarma dúchais Gaeilge, a bheith á shíorúsáid ag scoláirí na Gaeilge; '(ceol) reacaireacht' atá mar Ghaeilge ar 'recitative' in EID *s.v.*; níl an bhrí sin le 'reacaireacht' in FGB.

19.   Féach: 'What we have of the music itself is meagre indeed. Nor has it ever been recorded - except for a few fragments - .... Labhrás Ó Cadhlaigh, then, is using the same tune again and again for different laments .... A lament did not have its own tune' (Ó Madagáin 1981: 311, 317, 324). Féach n. 58 thíos.

20.   Féach: 'The *caoineadh* ... was a long extempore poem of eulogy and lament

which was sung at wakes and funerals ... Apparently the *caoineadh* was sung in a sort of recitative, but only fragments of the music survive' (Bourke 1980: 27); 'Here I closely follow Ó Madagáin' (Ó Coileáin 1988: 101 n.7).

21. Maidir leis an teoiric sin, féach: Parry (1930, 1932), Parry and Lord (1954), Magoun (1953, 1955), Lord (1960).
22. Féach: Lord (1960: iii, deannchlúdach).
23. Míniú amháin air sin, b'fhéidir, a mhéad atá staidéar an bhéaloideasa in Éirinn ceangailte le modheolaíocht stairigeografach na Sualannach agus an neamhshuim a léiríonn formhór bhéaloideasóirí Éireann sa dioscúrsa teoiriciúil. Ba cheart a rá go raibh aird dírithe ag O'Nolan (1968, 1969) agus Slotkin (1977) freisin ar an teoiric.
24. Maidir le critic ar theoiric Parry/Lord, féach: Waldron (1957), Kirk (1966), A. Parry (1966), Benson (1966), Rogers (1966), Watts (1969), Opland (1971), Finnegan (1977: 69-72), Zumthor (1990: 97).
25. Féach: Lord (1960: 30-98, 130-33, 142-5).
26. Féach freisin, mar shampla: Ó Tuama 1961: §§1-3, 15-8, 26-7, 37-8, 45-6, 55-6, 66-8, 75-6, 80-2, 97-100, 118-9, 127-8, 136-8, 143-5, 154-7, 160-3, 172-4, 199-201, 217-20, 221-8, 250-3, 258-62, 271-7, 280-3, 324-7, 332-6, 337-40, 341-5, 346-9.
27. Féach: Parry (1929), Lord (1948, 1960: 54, 131-3, 217), Watts (1969: 121), Finnegan (1977: 64).
28. Maidir le caointe a bhfuil a meadarachtaí lochtach, féach: Ó hÓgáin (1980: 11-15, 1981: 13, 15, 16); caointe iad a seachadadh ó bhéal amháin. Féach freisin an dá leagan de C 13 agus C 19 a tháinig anuas.
29. Féach, mar shampla: RIA 23 B 38: 237; 23 D 8: 260; 23 G 21: 366, 489; 23 F 18: 61; 23 C 8: 353; 24 A 34: 26; 24 L 12: 157.

30. Féach: 'There are cultures in which the use of writing does not automatically mean a sense of the fixed text, a sense of the unique and original in literature. ... Scribes did not treat saga texts as fixed texts in the way we think of fixed texts' Slotkin (1979: 441, 449).

31. Féach: 'the song of Mme O'Leary on the death of her husband is praised above all others' i dtuairisc ó chontae Chiarraí sa bhliain 1790 (Ní Chinnéide 1973: 92), Croker (1844: xxxiv), O'Connell (1892 i: 238-9), Mac Lochlainn (1972: 112), Ó Coileáin (1988: 107), Cullen (1993: 20).

32. Mar le cuntas páirteach ginearálta ar an lámhscríbhinn, féach: Dillon (1939); is ar an lámhscríbhinn féin atá mo chuntas-sa bunaithe.

33. Maidir leis an té seo, féach: Ó Súilleabháin (1937: 64-84, 179-86), Lyne (1976).

34. Féach: 'Nor are keens merely orally preserved amongst the peasantry. I have three original death-songs in M.S. now lying before me ...' (Croker 1824: 181); 'From these oral sources and from three or four manuscripts ... the present selection of specimens of the keen of the South of Ireland has been made' (Croker 1844: xvii); 'It caused me to regret very much that the old man had not been able to stop in London - for if he had - he said he would send for a library of Irish keens he had- and oblige me with the perusal of them' (RIA 12 O 7: 561).

35. Féach: 'Níor airíos gur dhein sí aon fhilíocht eile ach an caoineadh sin a dhein sí dá fear' (RBÉ 535: 331); eisceacht eile is ea banaltra Sir Séamas Óg Mac Coitir a leagtar idir chaoine is tuireamh uirthi (féach thuas lch 48 ii). Maidir le caointe á leagadh ar fhir, féach Ó Súilleabháin (1937: 24), n. 55 thíos; féach freisin Ó hÓgáin (1980: 20), O'Curry (1873 i: cccxxiv).

36. Déanann Ross tagairt do alt Bromwich (1945) anseo.

37. Féach, mar shampla: O Molloy (1677), Thurneysen (1891), Meyer (1909), Murphy (1961), Mac Aodhagáin (1968).

38. 'The whole archaic stratum consists of primitive verse or rythmic, alliterative prose, and both are included in the term roscada ' (Binchy 1972: 31); féach freisin Mac Cana (1966: 89), Breatnach (1984: 452).

39. Mar le samplaí eile: féach Bergin (1910), Mac Cana (1966), Binchy (1943, 1971, 1972), Watkins (1963), Breatnach (1981, 1984, 1991).

40. Féach: RIA 23 P 3: 18 v a i; 23 D 2: 25, 23 D 9: 420; Ó Siochfhradha (1941: 198, 252, 255); féach freisin 'Loscadh [= roscadh] File Chúige Mumhan Dá Clainn' (Beckett 1987: 6).

41. Féach: O'Rahilly (1976: 66, 230, 1135; 1967: 1751; 1961: 4638).

42. Féach: O'Rahilly (1976: 272, 2915; 1967: 602, 2015; 1961: 1789, 2421, 2902).

43. Cé gur cosúil nárbh ionann brí do *rosc* is *roscadh* go bunúsach (DIL *s.v.*); thiteadar le chéile le himeacht ama agus malartaíd le chéile san ábhar déanach.

44. Sa chóip de *Cath Maige Mucraimhe* a scríobh Aodh Buí Mac Cruitín (RIA 23 M 47: 130-51), is mar phrós, gan aon bhriseadh sa líne ná sa pharagraf, a scríobhtar an rosc so agus na cinn eile atá sa téacs.

45. 'As to its technical significance, we have seen that LL employed it simply as a mark of certain metrical types ... it seems to represent a distinct *genre* ... (Mac Cana 1966: 89); 'in the *rosc* style ... the difference between *rosc* and prose is not necessarily one of time, but can also be simply one of style' (Breatnach 1984: 458).

46. Féach: Watkins (1963: 219), Breatnach (1984:452), ND ii: 16-18, DOB i: 10, ii:

12; Ó Buachalla (1996: 270), faoi seach.

47. 'The poem is in archaic metre, without rhyme or exact measure of syllables, in short verses, each of which as a rule contain two fully stresed words, the last stressed word of each verse making alliteration with the first stressed word of the following verse' (Mac Neill 1924: 307); 'There is little to add to his description of the metre except ... that, contrary to the rule in strict metrical verse, alliteration is permitted between stressed and unstressed words ... three stresses, rather than two, are found in no less than 15 out of 104 lines' (Binchy 1971: 153-4).

48. Ní chuirim an mheadaracht *droighneach* (a bhféadfadh níos mó ná deich siolla a bheith sa líne) san áireamh anseo; dar le Murphy (1961: 74) go mb'fhéidir nár mheadaracht shiollach ó bhunús í.

49. *Aiceanta* ó thaobh na meadarachta atá i gceist agam (agus ní de réir ghnáthbhéim an fhocail) .i. na gutaí a iompraíonn go feidhmiúil patrún na meadarachta. Sa líne *Scéal táscmhar* ... thuas, mar shampla, níl aon fheidhm meadarachta ag *scéal*, cé gur focal aiceanta sa ghnáthchaint é; sa líne *Searc mná* ..., focail neamhaiceanta, ó thaobh na meadarachta, iad *mná* is *duit* cé gur focail aiceanta sa ghnáthchaint iad. Glacaim leis an scanadh a rinne Ó Máille (1955: 241) ar an líne sin, ach amháin go ndéanaimse guta aiceanta (/a/ nó b'fhéidir /á/) den siolla deiridh.

50. Cé gur gnách le heagarthóirí (agus leis na scríobhaithe) an t-ochtfhoclach a scríobh amach mar líne, dhá líne nó ceithre líne téacs, níl ach líne amháin meadarachta i gceist (3 A + B).

51. Troithe a fheidhmíonn ag leibhéal na meadarachta atá i gceist; cé go bhfaightear samplaí de líne cheathairthroitheach sa chaoineadh (AÓR: 22, mar shampla), is í an líne thríthroitheach an gnás.

52. Féach: 'The metre of the poems is the accentual metre known as *caoine*. The end-rime, *é v*, is the same throughout each poem, the internal assonances vary from line to line. In *Tuireamh na hÉireann*, there is only occasional internal assonance ...' (FPP: viii).

53. Tugtar faoi deara go gceadaítear focal ortagrafach déshiollach más ar an dara siolla a thiteann an t-aiceann go stairiúil (*amuigh, inniu*) nó go canúnach (*agam*). Ba chirte, is dócha, na focail sin a scríobh mar *a-muigh, i-nniu, a-gam* etc.

54. Féach freisin: Hall (1841 i: 228), *An Claidheamh Soluis* 11 Eanáir 1902, lch 1; Ó Muirithe (1978: 26 n.1), Ó Coileáin (1988: 104).

55. Caoine a chum fear ar a bhean aimsir an Ghorta Mhóir; ní thugtar ach an véarsa sin.

56. B'fhéidir nach sampla bailí na línte sin ach, suimiúil go leor, faightear iad ag deireadh an chnuasaigh mhóir de thuirimh a chuir Séamas Ó Murchú le chéile sa bhliain 1769 (KIL: 6). Féach de Brún (1972: 13).

57. Féach: na caointe ar an Athair Nioclás Ó Síthigh (C 16) agus ar Learaí Breatnach (C 20) ar lgh 82-3; ba ghnách leis na filí aitheantúla freisin an cheathrú a chleachtadh ina gcuid tuireamh; féach, mar shampla, AOR: 22, 23. Féach freisin an véarsaíocht dhí-ainm a cumadh ar chogadh an dá rí (Ó Buachalla 1989) agus 'Caoine na dTrí Muire' (Bourke 1983: 145-283).

58. Féach: RBÉ 22: 80; 33: 63; 48: 268; 289: 36; 980: 313; 984: 315; Croker (1824: 179), Ó Siochfhradha (1931: 269-70), Ó Ceallaigh (1937: 41); i leagan a bhailigh Seosamh Ó Dálaigh, deir sé: 'Tá guth curtha 'gen seanchaí ar an gcaoine seo tréis é rá 'n-a fhocalaibh ar dtúis' (RBÉ 980: 319).

59. Féach: Craig (1949), Campbell (1969),

Carmichael (1954: 2-83), Shaw (1955: 206-65), Ross (1955).

60. Cé gur mar leathrann is gnách le scoláirí na hAlban an saghas seo meadarachta a chur in eagar, ar an tuiscint gur meadaracht shiollach atá i gceist (féach, mar shampla: Thomson, 1996, 25) is bailí, dar liom, féachaint uirthi mar mheadaracht aiceanta thríthroitheach. Féach: 'Maybe regarded as single long lines printed for convenience as a couplet' (MacKenzie 1964: 376); 'This type of metre, which is very common in waulking songs, is known in Gaelic as *caoine* ...' (Campbell 1969: 199); Shaw (1955: 221).

61. Féach, mar shampla: MacKenzie (1841: 26, 27, 56), Kennedy (1904: 168), Carmichael (1905: 331, 334), Watson (1934: 2, 12, 32, 50, 52, 88), MacKenzie (1964: 6, 20, 108, 158), Matheson (1970: 74), Ó Baoill (1972: 1, 32, 50, 64, 70), Thomson (1996: 3, 14).

62. Féach freisin na línte seo ag Ó Bruadair: 'Ná an bula-báisín, do rin do chillín, Hanraí Cúisín, ó an dtaca um ar básaíodh, Breasal Ó Bréigín ...', (DÓB i: 98) ar véarsaíocht uamach í a bhfuil an patrún /v í / san fhocal deiridh tríd síos. Féach línte mar iad in Williams (1981: §§ 789-813).

63. Maidir le tuairimí difriúla i dtaobh an údair, féach: Cullen (1993: 29, 32), Ó Tuama (1995: 87, 99).

64. Féach: thuas lch 48 (ii), Hall (1841 i: 229), MacCarthy (1868: 98).

Foinsí

Noda

AÓR: *Dánta Aodhagáin Uí Rathaille* (Dinneen)
CUL: Cambridge University Library
DIL: *Dictionary of the Irish language* (Quin)
DMM: *Dán na mbráthar mionúr* (Mhág Craith)
DÓB: *Duanaire Dháibhidh Uí Bhruadair* (Mac Erlean)
EID: *English-Irish Dictionary* (de Bhaldraithe)
FGB: *Foclóir Gaeilge-Béarla* (Ó Dónaill)
FPP: *Five seventeenth-century political poems* (O'Rahilly)
HM: Huntington Library, San Marino
KIL: King's Inns Library, Dublin
LL: *The book of Leinster* (Best)
LU: *Lebor na hUidre* (Best and Bergin)
MN: Coláiste Phádraig, Maigh Nuad
MM: Mount Melleray Abbey, Co. Waterford
ND: *Nua-dhuanaire* (de Brún, Ó Buachalla, Ó Concheanainn)
NLI: National Library of Ireland
RBÉ: Roinn Bhéaloideas Éireann, UCD
RIA: Royal Irish Academy
TCD: Trinity College Dublin
UCC: University College Cork
UCD: University College Dublin

Téacsanna

C   'Caoine Shéamais Óig Mhic Coitir'. A bhanaltra a chum. *Mo chéad chara thu.* MN M 9: 345. In eagar: *The Irish Press* 27 April 1936, 4. Féach freisin: Ó hAilín (1971 i: 7).

C 1 'Caoine Thoirdhealbhaigh Uí Bhriain'. A bhanaltra a chum. *M'fhadachreach chráite.* HM 4543: 187-8. Táim buíoch de Leabharlannaí an Huntington Library as cóip den téacs a sholáthar dom agus as cead a thabhairt dom é a fhoilsiú. Táim buíoch freisin den Ollamh Máirín Ní Dhonnchadha as cóip den eagrán atá á ullmhú aici a chur chugam.

C 2 'Caoine Mhíchíl Uí Shé'. *Mo ghrá thu agus mo stór.* NLI G 95: 85. In eagar: Ó Cuív (1953).

C 3 'Caoine Dhiarmada Mhic Eoghain na Toinne'. A mháthair a chum. *Mo chara thu is mo chumann.* In eagar: *Éigse* 1 (1939) 22-8, 90-5, 185-90; féach freisin: RBÉ 52: 93-7. Táim an-bhuíoch de Chriostóir Mac Cárthaigh as cóip den chaoine seo agus as ábhar eile in RBÉ a sholáthar dom.

C 4 '*Caoine ar Mharbhadh Airt Uí Laoghaire'*. Eibhlín Dubh Ní Chonaill a chum. 'Sgriobhtha ua beulradh Nora Ní Shindhile, caointeoir Gaedhilge, aisdrighthe ua laimhsgribhinn Emain de Bhall ua'n m-Baillegalla. Donchadh Ua Suiliobhain, Corca 1860'. In eagar: O'Connell (1892 ii: 327-40).

C 5 '*Tóramh-Chaoineadh Airt Uí Laoghaire'*. Leagan a scríobh Pádraig Feiritéar sa bhliain 1894, cóip de leagan a bhí 'sgribhte síos ag Dómhnall Mhic Cáib ... ó bhélrádhadh Nóra Nígh Shíndile ... .' UCD F 1: 298-305.

C 6 '*Caoineadh Airt Uí Laoghaire'*. An leagan a chuir Bergin (Ua hAimhirgin) in eagar in *Irisleabhar na Gaedhilge* 7 (1896) 18-23, leagan a fuair sé ón Ath. Peadar Ó Laoire. Tá bunchóip an Ath. Peadar anois in NLI MS 10879 (3).

C 7 '*Tóramh-Chaoineadh Airt Uí Laoghaire'*. An leagan a chuir Pádraig Feiritéar in eagar in *An Gaodhal* Bealtaine, Iúil, Lúnasa 1899.

C 8 '*Caoineadh Airt Uí Laoghaire'*. Leagan a cuireadh in eagar (go dí-ainm) in *An Claidheamh Soluis* Meitheamh 24, Iúil 1, 1899. Is ionann an téacs seo agus an téacs in C 6.

C 9 '*Caoín Airt Ui Laoghaire'*. Leagan eile i láimh an Ath. Peadar Ó Laoire. Tá an LS anois i seilbh an Ollaimh Cathal Ó Háinle is táim an-bhuíoch de as cóip den téacs a chur ar fáil dom.

C 10 '*Caoine Airt Uí Laoghaire*'. Leagan a chuir Donncha Ó Mathúna in eagar in *An Músgraidheach* 1944, Fómhar. I lámhscríbhinn (atá caillte anois) a scríobh an tAth. Dónall Ó Súilleabháin a fuarthas an leagan seo.

C 11 '*Caointeachán Mnaoi Artúir Uí Laoghaire*'. Leagan a scríobh Donncha Ó Ceallaigh (Denis Henry Kelly) timpeall na bliana 1875, leagan a bhí bunaithe, is cosúil, ar chóip lámhscríbhinne den dán a bhí in oirthear na Gaillimhe roimh 1858. In eagar: Mac Lochlainn (1972: 109-19). Féach freisin: RBÉ 492: 44-5.

C 12 '*Caoine Airt Uí Laoire*'. Leagan a chuir S. Ó Longphuirt in eagar in *An Lóchrann* Meitheamh 1926, 50.

C 13 *A dheartháir ó, mo mhíle díth thu.* Caoine a chum Máire Ní Dhonnagáin ar a deartháir. In eagar: *Irisleabhar na Gaedhilge* 3 (1889) 104-5; 4 (1889) 29; dhá leagan a cuireadh in eagar, ceann a seachadadh de láimh agus an ceann eile ó bhéal.

C 14 *Mo chara is mo chumann tu.* '*Caoine Sheáin Uí Thuama*'. A bhean a chum. RBÉ 48: 78-80; Ó hAilín (1971 ii: 5).

C 15 *Mo chreach ghéar féin is mo thuirse.* '*Caoine Greannmhar*'; in eagar: *An Lóchrann* Márta 1917, 2.

C 16 *A Athair Nioclais, mo chás id luí thu.* Caoine a chum a dheirfiúr ar an Ath. Nioclás Ó Síthigh a crochadh i gCluain Meala sa bhliain 1766. In eagar: *Feasta* Feabhra 1956, lch 2; *The Garda Review* April 1934, 561-2; féach freisin: MM: 8 (2) 6, UCC T66: 40a, Ó hÓgáin (1981: 16).

C 17 *A Athair Seon, is tusa mo dheacair.* Caoine ar an Athair Seon Stafford, easpag cóidiútair Fhearna; in eagar: de Brún (1970).

C 18 *Mo chreach is mo ghéarghoin.* Caoine a cumadh ar ' bhás Mhic Fíghnín Duibh ' (Silbheastar Ó Súilleabháin). Ní fios cé chum. MN M 14: 381.

C 19 *Mo chreach ghéar féin agus mo dheacair.* Caoine a chum Anna Ní Chadhlaigh ar an Athair Seán Ó Maonaigh. In eagar: Ó Buachalla (1998). Féach: NLI G 403: 1-6, RBÉ 183: 4-7.

C 20 *D'airíos féin go moch ar maidin.* Caoine a chum 'duine muinteartha do Learaí Breatnach Sliabh gCua'. RBÉ 289: 29-34.

Údair

Baugh, A.C. (eag.) 1967. *A literary history of England.* i. London.

Beauford, W. 1789. 'An Essay on the Poetry and Music of the Ancient Irish' in NLI MS 347.

—— 1791. 'Caoinan: or Some Account of the Ancient Irish Lamentation', *Transactions of the Royal Irish Academy* 4: 41-54.

Beckett, C. 1987. *Aodh Mac Domhnaill: dánta.* Baile Átha Cliath.

Benson, L.D. 1966. 'The Literary Character of Anglo-Saxon Formulaic Poetry', *Publications of the Modern Language Association of America* 81: 334-41.

Bergin, O.J. 1896. Féach Ua hAimhirgin.

—— (et al.) 1910. *Anecdota from Irish manuscripts.* iii. Dublin.

Best, R.I. and Bergin, O. 1929. *Lebor na Huidre.* Dublin.

—— (et al.) 1954-83. *The book of Leinster.* i-vi. Dublin.

Binchy, D. 1943. 'The Linguistic and Historical Value of the Irish Law Tracts', *Proceedings of the British Academy* 29: 195-227.

—— 1971. 'An Archaic Legal Poem', *Celtica* 9: 152 - 68.

—— 1972. 'Varia Hibernica. 1. The So-Called "Rhetorics" Of Irish Saga, ' in *Indo-Celtica* (ed. H. Pilch and J. Thurow, München) 29 - 38.

Bourke, A. 1978, 1980, 1981, 1983. Féach Partridge.

—— 1988. 'The Irish Traditional Lament and the Grieving Process', *Women's Studies*

International Forum 11 iv: 287-91.

—— 1988a. 'Working and Weeping: Women's Oral Poetry in Irish and Scottish Gaelic', UCD Women's Studies Forum. Working Papers No. 7.

—— 1991. 'Performing - Not Writing', *Graph* 11: 28-31.

—— 1992. 'Caoineadh na Marbh', *Oghma* 4: 3-11.

—— 1993. 'More in Anger than in Sorrow: Irish Women's Lament Poetry', in *Feminist messages* (ed. J. N. Radner, University of Illinois Press, Urbana) 160-82.

—— 1997. 'Performing, Not Writing: The Reception of an Irish Woman's Lament' in *Dwelling in possibility* (ed. Yopie Prins & Maeera Shreiber, Cornell University Press, Ithaca) 132-46.

Bowra, C.M. 1930. *Tradition and design in the Iliad.* Oxford.

Breathnach, M. 1931. *Fíon na filidheachta.* Baile Átha Cliath.

Breatnach, L. 1981. 'The Caldron of Poesy', *Ériu* 32: 45-93.

—— 1984. 'Canon Law and Secular Law in Early Ireland', *Peritia* 3: 439-59.

—— 1987. *Uraicecht na ríar.* Dublin.

—— 1991. 'Zur Frage der roscada im Irischen', in *Metrik und medienwechsel* (eag. Hildegard L. C. Tristram, *Script Oralia* 35, Tübingen) 197-206.

Bromwich, R. 1945. 'The Keen for Art O'Leary, its Background and its Place in the Tradition of Gaelic Keening', *Éigse* 5: 236-52.

Buchan, D. 1972. *The ballad and the folk.* London.

Campbell, J.L. 1969. *Hebridean folksongs.* Oxford.

Carmichael, A. 1954. *Carmina Gadelica.* v. Edinburgh.

Carmichael, E.C. 1905. 'Bardachd Irteach', *The Celtic Review* 2: 327-342.

Collins, J.T. 1956. 'Arthur O'Leary, the Outlaw', *Journal of the Cork Historical and Archaeological Society* 61 no. 193: 1-6.

Corkery, D. 1925. *The hidden Ireland.* Dublin.

Craig, K.C. 1949. *Órain luaidh Màiri Nighean Alasdair*. Glasgow.

Croker, T.C. 1824. *Researches in the South of Ireland*. London.

—— 1844. *The keen of the South of Ireland*. London.

Cullen, L.M. 1993. 'The Contemporary and Later Politics of Caoineadh Airt Uí Laoghaire', *Eighteenth-Century Ireland* 8: 7-38.

—— 1996. 'Filíocht, Cultúr agus Polaitíocht' in *Nua-Léamha* (eag. M. Ní Dhonnchadha, Baile Átha Cliath, 1996) 170-99.

de Bhaldaithe, T. 1959. *English-Irish dictionary*. Baile Átha Cliath.

de Brún, P. 1970. 'A Lament in Irish for John Stafford Coadjutor Bishop of Ferns', *The Past* 8: 43-51.

—— 1971 (et al.) *Nua-dhuanaire*. i. Baile Átha Cliath.

—— 1972. *Catalogue of Irish manuscripts in King's Inns library Dublin*. Dublin.

de Noraidh, L. 1938. *Caoineadh ó sna Déisibh*. Baile Átha Cliath.

Dillon, M. 1939. 'An Irish Manuscript in the Henry E. Huntington Library', *Éigse* 1: 285-304.

Dinneen, P.S. 1902, 1903. *Féach Ua Duinnín*.

—— 1911 (and O'Donoghue, T.) *Dánta Aodhagáin Uí Rathaille*. Baile Átha Cliath.

Finnegan, R. 1977. *Oral poetry*. Cambridge.

Greenfield, S.B. 1955. 'The Formulaic Expression of the Theme of "Exile" in Anglo-Saxon Poetry', *Speculum* 30: 200-6.

Hall, S.C. 1841-3. *Ireland: its scenery, character, etc.* i-iii. London.

Heaney, S. 1996. 'The Frontier of Writing' in *Irish writers and their creative process* (ed. J. Genet & W. Hellegouarc'h, *Irish Literary Studies* 48, Gerrard's Cross).

Joyce, P.W. 1873. *Ancient Irish music*. Dublin.

Kelly, F. 1976. *Audacht Morainn*. Dublin.

Kennedy, J. 1904. 'Unpublished Gaelic Ballads from the MacLegan MSS', *Transactions of the Gaelic Society of Inverness* 24: 156-84.

Kirk, G.S. 1966. 'Formular Language and Oral Quality', *Yale Classical Studies* 20: 155-74.

Lord, A.B. 1948. 'Homer and Huso III: Enjambment in Greek and Southslavic Heroic Song', *Transactions and Proceedings of the American Philological Association* 79: 113-24.

——— 1960. *The singer of tales.* Cambridge, Mass.

Lhuyd, E. 1707. *Archaeologia Britannica.* Oxford.

Lyne, G. 1976. 'The Mac Fínín Duibh O'Sullivans of Tuosist and Bearehaven', *Journal of the Kerry Archaeological and Historical Society* 9: 32-67.

Mac Aodhagáin, P. 1968. *Graiméir Ghaeilge na mbráthar mionúr.* Baile Átha Cliath.

Mac Cana, P. 1966. 'On The Use Of The Term Retoiric', *Celtica* 7: 65-90.

Mac Carthy, D. 1868. *A historical pedigree of the Sliocht Feidhlimidh.* Exeter.

Mhág Craith, C. 1967. *Dán na mbráthar mionúr.* i-ii. Baile Átha Cliath.

Mac Erlean, J.C. 1910-1917. *Duanaire Dháibhidh Uí Bhruadair.* i-iii. Baile Átha Cliath.

McGrath, M. 1936. *Cinnlae Amhlaoibh Uí Shúileabháin.* i. London.

MacKenzie, J. 1841. *Sar-obair nam bard Gaelach.* Glasgow.

MacKenzie, A. M. 1964. *Orain Iain Luim.* Edinburgh.

Mac Lochlainn, A. 1972. 'Caoineadh Airt Uí Laoghaire: Leagan as Lámhscríbhinn', *Studia Hibernica* 12: 109-19.

MacNeill, E. 1924. 'Ancient Irish Law', *Proceedings of the Royal Irish Academy* 36 C: 265-316.

Magoun, F. P. 1953. 'The Oral-Formulaic Character of Anglo-Saxon Narrative Poetry', *Speculum* 28: 446-67.

——— 1955. 'Bede's Story of Caedmon: the Case History of an Anglo-Saxon Oral Singer', *Speculum* 30: 49-63.

Matheson, W. 1970. *An Clàrsair Dall.* Edinburgh.

Meyer, K. 1909. *A primer of Irish metrics*. Dublin.

Murphy, G. 1931. Féach Ó Murchadha.

—— 1939. 'Notes on Aisling Poetry', *Éigse* 1: 40-50.

—— 1948. 'The Gaelic Background', in *Daniel O'Connell: nine centenary essays* (eag. M. Tierney, Dublin) 1-24.

—— 1961. *Early Irish metrics*. Dublin.

Ní Chinnéide, S. 1973. 'A New View Of Eighteenth-Century Life In Kerry', *Journal of the Kerry Archaeological and Historical Society* 6: 83-100.

Ní Mhuirgheasa, M. 1954. *Tóraigheacht Taise Taoibhghile*. Baile Átha Cliath.

Ní Shéaghdha, N. 1976. *Catalogue of Irish manuscripts in the National Library of Ireland*. iii. Dublin.

Ó Baoill, C. 1972. *Bàrdachd Shìlis Na Ceapaich*. Edinburgh.

Ó Buachalla, B. 1976. *Nua-dhuanaire*. ii. Baile Átha Cliath.

—— 1989. 'Briseadh na Bóinne', *Éigse* 22: 83-106.

—— 1996. *Aisling ghéar*. Baile Átha Cliath.

—— 1998. 'Marbhchaoineadh an Athar Seán Ó Maonaigh' (le foilsiú).

Ó Canainn, P. 1958. *Filíocht na nGael*. Baile Átha Cliath.

Ó Ceallaigh, P. 1937. 'Amhráin ó Mhúscraighe', *Béaloideas* 7: 19-44.

Ó Coileáin, S. 1977. 'Oral or Literary: Some Strands of the Argument', *Studia Hibernica* 17-8: 7-35.

—— 1988. 'The Irish Lament: An Oral Genre', *Studia Hibernica* 24: 97-117.

Ó Concheanainn, T. 1978. *Nua-dhuanaire*. iii. Baile Átha Cliath.

O'Connell, M.J. 1892. *The last colonel of the Irish brigade*. London.

Ó Cróinín, D.A. 1949 (Eag. Comhairleach: An tOllamh R.A. Breatnach, M.A.). *Dánta ardteistiméireachta 1949-50*. Baile Átha Cliath.

—— 1962. 'Caoineadh Airt Uí Laoghaire', *The Teacher's Work* Spring: 31-3.

—— 1963. 'Caoineadh Airt Uí Laoghaire', *Éigse* 10: 245-54.

—— 1980. *Seanachas Amhlaoibh Í Luinse*. Baile Átha Cliath.

—— 1982. *Seanchas Phádraig Í Chrualaoi*. Baile Átha Cliath.

Ó Cuív, B. 1953. 'Deascán Ó Chúige Mumhan', *Béaloideas* 22: 102-19.

Ó Cuív, S. 1908. *Cuíne Airt Í Laere*. Dublin.

—— 1923. *Caoine Airt Uí Laoghaire*. Baile Átha Cliath.

O'Curry, E. 1873. *On the manners and customs of the ancient Irish*. i-iii. Dublin.

Ó Dónaill, N. 1977. *Foclóir Gaeilge-Béarla*. Baile Átha Cliath.

Ó Donnchadha, T. 1916. *Amhráin Dhiarmada mac Seáin Bhuidhe Mac Cárrthaigh*. Baile Átha Cliath.

—— 1925. *Prosóid Gaedhilge*. Baile Átha Cliath.

—— 1944. *Seán na Ráithíneach*. Baile Átha Cliath.

O'Donovan, J. 1858. 'Extracts from the Journal of Thomas Dineley' *Journal of the Kilkenny and South-East of Ireland Archaeological Society* 2: 22-32.

Ó Dúnlainge, M. 1907-8. 'Cath Mhaighe Mochruimhe', *Irisleabhar na Gaedhilge* 17: 385-7, 406-8, 427-31, 434-9; 18: 30-4, 75-82.

Ó Fiannachta, P. 1965. *Lámhscríbhinní Gaeilge Choláiste Phádraig, Má Nuad*. Fascúl ii. Maigh Nuad.

Ó Foghludha, R. 1905. *Amhráin Phiarais Mhic Gearailt*. Baile Átha Cliath.

—— 1938. *Cois na Ruachtaighe*. Baile Átha Cliath.

—— 1945. *Míl na héigse*. Baile Átha Cliath.

O'Grady, S. H. 1924. *Caithréim Thoirdhealbhaigh*. London.

Ó hAilín, T. 1971. 'Caointe agus Caointeoireacht', *Feasta* Eanáir: 7-11; Feabhra: 5-9.

Ó hÓgáin, D. 1980. *Duanaire Osraíoch*. Baile Átha Cliath.

—— 1981. *Duanaire Thiobraid Árann*. Baile Átha Cliath.

Ó Madagáin, B. (eag.) 1978. *Gnéithe den chaointeoireacht*. Baile Átha Cliath.

—— 1978a. 'Ceol an Chaointe' in Ó Madagáin (1978) 30-52.

—— 1981. 'Irish Vocal Music of Lament and Syllabic Poetry' in *The Celtic consciousness* (eag. R. O'Driscoll, Toronto) 311-32.

—— 1985. 'Functions of Irish Song in the Nineteenth Century', *Béaloideas* 53: 130-216.

Ó Máille, T. 1955. 'Céad-Tosach an Amhráin', *Éigse* 7 iv: 240-7.

O Molloy, F. 1677. *Grammatica Latino-Hibernica*. Romae.

Ó Muirithe, D. 1978. 'An Chaointeoireacht in Éirinn - Tuairiscí na dTaistealaithe' in Ó Madagáin (1978) 30-52.

Ó Murchadha, G. 1931. 'Eachtraí, Véursaí agus Paidreacha ó Iarthar Chorcaighe', *Béaloideas* 3: 212-39, 456-66.

O'Nolan, K. 1968. 'Homer and the Irish Hero Tale', *Studia Hibernica* 8: 7-20.

—— 1969. 'Homer, Virgil and Oral Tradition, *Béaloideas* 37-8: 123-30.

Opland, J. 1971. 'Scop and Imbongi: Anglo-Saxon and Bantu Oral Poetry', *English Studies in Africa* 14: 161-78.

O'Rahilly, C. 1952. *Five seventeenth-century political poems*. Baile Átha Cliath.

—— 1961. *The Stowe Version of Táin Bó Cuailnge*. Baile Átha Cliath.

—— 1967. *Táin Bó Cúalnge from the Book of Leinster*. Baile Átha Cliath.

—— 1976. *Táin Bó Cúailnge Recension I*. Baile Átha Cliath.

Ó Siochfhradha, M. 1931. 'Ó Uíbh Ráthach agus Corca Dhuibhne', *Béaloideas* 3: 257-74.

Ó Siochfhradha, P. 1941. *Laoithe na Féinne*. Baile Átha Cliath.

Ó Suibhne, P. 1938. 'Seanchas Andeas', *Béaloideas* 8: 142-5.

Ó Súilleabháin, S. 1937. *Diarmuid na bolgaighe agus a chómhursain*. Baile Átha Cliath.

—— 1961. *Caitheamh aimsire ar thórrraimh*. Baile Átha Cliath.

—— 1967. *Irish wake amusements*. Cork.
Ó Tuama, S. 1951. 'Mór-shaothar na Nualitríochta', *Comhar* Bealtaine: 7-8, 24.
—— 1961. *Caoineadh Airt Uí Laoghaire*. Baile Átha Cliath.
—— 1995. *Repossessions*. Cork.
Paredes, A. 1985. *'With his pistol in his hand': a border ballad and its hero*. Austin.
Parry, A. 1966. 'Have We Homer's Iliad?', *Yale Classical Studies* 20: 175-216.
Parry, M. 1929. 'The Distinctive Character of Enjambment in Homeric Verse', *Transactions and Proceedings of the American Philological Association* 60: 200-20.
—— 1930. 'Studies in the Epic Technique of Oral Verse-Making I: Homer and Homeric Style', *Harvard Studies in Classical Philology* 41: 73-148.
—— 1932. 'The Homeric Language as the Language of an Oral Poet', *Harvard Studies in Classical Philology* 43: 1-50.
—— & Lord, A.B. 1954. *Serbocroation heroic songs*. i. Cambridge, Mass.
Partridge, A. 1978. 'Caoineadh na dTrí Muire agus an Chaointeoireacht', in Ó Madagáin (eag.) 67-81.
—— 1980. 'Wild Men and Wailing Women', *Éigse* 18: 25-37.
—— 1981. 'Is Beo Duine Tar Éis a Bhuailte - Caoineadh Aorach as Béarra', *Sinsear* 3: 70-6.
—— 1983. *Caoineadh na dtrí Muire*. Baile Átha Cliath.
Quin, G. (et al.) 1983. *A dictionary of the Irish language* (RIA) Dublin.
Rogers, H.L. 1966. 'The Crypto-Psychological Character of the Oral Formula', *English Studies* 47: 89-102.
Ross, J. 1955. 'The Sub-Literary Tradition in Scottish Gaelic Song-Poetry', *Éigse* 7 iv: 217-39; 8 i: 1-17.
—— 1957. 'Further Remarks on Gaelic Song Metres', *Éigse* 8 iv: 350-8.
—— 1959. 'Formulaic Composition in Gaelic

Oral Literature', *Modern Philology* 57: 1-12.

Shaw, M.F. 1955. *Folksongs and folklore of South Uist*. London.

Slotkin, E.M. 1977. 'Medieval Irish Scribes and Fixed Texts', *Éigse* 17: 437- 50.

Thomson, D.S. 1996. *Alasdair Mac Mhaighstir Alasdair*. Edinburgh.

Thurneysen, R. 1891. 'Mittelirischen Verslehren', *Irische Texte* 3 i: 1-182.

—— 1935. *Scéla Mucce Meic Dathó*. Dublin.

Ua Duinnín, P. 1902. *Amhráin Eoghain Ruaidh Uí Shúilleabháin*. Baile Átha Cliath.

—— 1903. *Amhráin Thaidhg Gaedhealaigh Uí Shúilleabháin*. Baile Átha Cliath.

Ua hAimhirgin, Osborn Óg, 1896. 'Caoineadh Airt Uí Laoghaire', *Irisleabhar na Gaedhilge* 7: 18-23.

Waldron, R.A. 1957. 'Oral-Formulaic Technique and Middle-English Alliterative Poetry', *Speculum* 32: 792-804.

Walsh, P. 1943. *Catalogue of Irish manuscripts in Maynooth College library*. Magh Nuadhat.

Watkins, C. 1963. 'Indo-European Metrics and Archaic Irish Verse', *Celtica* 6: 194 - 49.

Watson, J.C. 1934. *Gaelic songs of Mary MacLeod*. Edinburgh.

Watts, A.C. 1969. *The lyre and the harp*. New Haven.

Williams, N.J.A. 1981. *Pairlement Chloinne Tomáis*. Baile Átha Cliath.

Zumthor, P. 1990. *Oral poetry: an introduction*. Minneapolis.